Für meine Frau

Auf freiem Fuß

Walter Aue

mit Fotografien des Autors

Edition Galrev
im Druckhaus Galrev

ILLIERS-COMBRAY

Das meiste ist retrospektiv: Ein unbeteiligtes Nebeneinander
von Erinnerungsbildern in groben Umrissen. Auch jetzt,
während ich hier an diesem fremden Schreibtisch sitze: RUE VINCENT
ST. PAUL 15 und das Heulen der Ambulanzen höre.
Und noch nachts die Autoströme vom Boulevard MAGENTA.
Körper die aufeinanderprallen, die funkensprühend aufein-
andertreffen, hier in PARIS, das Pulsieren fotografischer
Gedächtnisplatten. Und immer wieder ein Vorwand für Rückblenden, blaustichige Gedächtnisbilder, sobald ich mich
zurückerinnere an ILLIERS-COMBRAY. Eine Recherche mit
geschlossenen Augen. Und ich sehe sein Fachwerkhaus,
das jeder kennt: RUE DU SAINT-ESPRIT 4. Im Garten noch immer das Laub der Kastanie, der eiserne Tisch und die Bank.
Wieviel verträgt ein Mensch von PROUST, von dieser rasenden
Geschwindigkeit eines Kreisels, bevor er die Zeit registriert
die inzwischen vergangen ist? Ein warmer Mai wie dieser mit
dem Duft der Weißdornhecken. Und schon von weitem der aufwärtsstrebende Glockenturm von SAINT-HILAIRE, den die Rabenschwärme umkreisten. DIE REQUISITE HAT GESIEGT!
Das kleine Haus eine verschwommene Augenschliere. Im Innern
der Bohnerwachsgeruch, die Kommode aus Zitronenholz.
Und wie immer die Reduktion des Lebendigen zu Fossilien,
bevor die Vernetzung der Wörter beginnt: Die mit Kapuzinerkresse
bekleidete Hausmauer. Die Rüschen dreier Apfelbäume.
Der scheppernde Glockenklang der Gartenpforte, der das Kommen
und Gehen SWANNS ankündigte. Die Fliederbüsche, oder?
Vor allem ist es die Tasse Lindenblütentee und das dazugehörende
Madeleine-Törtchen, an das ich mich zurückerinnere.
Das Bild muß nur näher herangeholt werden aus der äußersten Ferne.
Eine sekundenkurze Gehirnarbeit. Kondensiertes Blau,
das sich zu Materie verdichtet. Ähnlich dem Blau des über die Möbel
wanderndes Kugelschreibers des belgischen Fabre.

Alles nur Puzzleteile. PARIS HAT KEIN ENDE. Alles nur Wurzelwerk.
Leichterkennbare Einzelheiten ehemaliger Augenbilder.
Dazu gehört auch das UNION HOTEL ETOILE in der Rue Hamelin 44,
in dessem oberen Stockwerk PROUST gestorben ist. Die Fensterläden
verschlossen. Neben sich ein Tablett mit Lindenblütentee.
Und diese kleinen dicken Sandtörtchen von Tante LEONIE.
Das meiste ist retrospektiv. Nur nicht diese Signale der Ambulanzen.
Die hörbaren Autoströme des Boulevard MAGENTA. Und nicht
das Grab von PROUST am PERE-LACHAISE. Nur wenige Schritte von
Apollinaire entfernt. Die lilafarbenen Fliederblüten, die verlorene Zeit und die
Suche danach...

PARIS: LA CHOPE

Alles erlebt seine Änderung. Die Schau-Lust, die Augenwelt.
Und zurückgekehrt zum wievielten Male ins CHOPE,
in diese wundersame Wortmaschine, in der ich mein Bier trinke.
Die Zeit ein monochromer Pegelton. Mit Weltteilen gefüttert.
Und ich bin bereit, dies alles zu glauben: Den Tod von FRANK SINATRA.
Das Chaos in Indonesien. Die Toten im Kosovo. Das jubelnde
Indien, das seinen Atomtest feiert. Die randalierenden Skinheads
in Goslar. Also: Hier bin ich. Mit Zeitungen beladen, die Taschen
voller Notizen. AUF FREIEM FUSS seit mehreren Jahren.
Schreiben feiert nicht die Einsamkeit, sondern das Alleinsein.
Unvorstellbar, daß sich die genannten Ereignisse alle ereigneten
während ich schreibend an irgendeinem Tisch saß, oder?
Die Zeitungen enzyklopädische Speicher, Archive und Deponien,
wir müssen nur Gebrauch davon machen. Also, zurück
in das CHOPE: Unbegreiflich, daß der Ziegenhirt hier auf seiner
Sackpfeife blasend, mit seiner Herde von Milchziegen
regelmäßig die CARDINAL-LEMOINE empor kam. Aber noch
unbegreiflicher, daß der dreiundzwanzigjährige HEMINGWAY,
Korrespondent des „Kansas City" in der RUE CARDINAL LEMOINE 24
wohnte und an seinem Fenster stehend, dieses authentische Bild
der Ziegenherde betrachtete. Die Stadt eine Werkstätte vergangener Jahrzehnte. Und schreiben heißt, ein Instrument herzustellen.
Die grammatischen Finessen zu beherrschen. Zu rekapitulieren.
Was geschehen ist: Ein letztes Mal noch „Strangers in the night."
Dieses Timbre. Dieses authentische Flair. Dieses akustische Signet,
während ich hier auf den PLACE DE LA CONTRESCARPE blicke.
Das Viertel eine AUFGELADENE ZONE wie die von Poe oder Tarkowsky.
Und wenn du aufbrichst wie STALKER, den Wildwuchs durchquerst.
Einmal die RUE MOUFFETARD hinab, oder besser: Die RUE
DESCARTES entlang zum Maison de Verlaine Nr. 39, wo HEMINGWAY
im obersten Stockwerk ein Arbeitszimmer hatte. Alles stimmt.
Alles ist anwesend. Verbunden durch eine Verkettung von Zufällen.

Der alte Platz vor dem CHOPE zerstört, mit vier kastanien-
ähnlichen Bäumen bepflanzt, in der Mitte ein Springbrunnen.
Der Clochard ist verschwunden. Ein Ort des Nichts. Vorbei.
Unvorstellbar, daß Paul CELAN hier seinen Pastis trank.
JOYCE seinen „Ulysses" hier beendete. Schreiben heißt herzustellen.
„ALLES WAS DU TUN MUSST, IST EINEN WAHREN SATZ SCHREIBEN."
Reisen, das schürt den Neid. Aber bei Reisen, die als Alterswerk
begriffen werden, kommt Mitleid auf. Diesen „einen wahren Satz"
zu schreiben, bedarf es heutzutage nicht mehr des Alters, oder?

PARIS: RUE JEAN DOLENT 23

Fuß fassen, sich in Bewegung halten, was ist der Rede wert?
Wenn du nach BLAISE CENDRARS suchst, mußt du weite Wege zurück-
legen: AFRIKA ist die unterirdisch gekachelte METRO-Welt mit
ihren Neonröhren. Das Geräusch von aufeinanderschlagenden
Metallteilen, eine Zwölftonphase kaputter Töne, akustischer Müll.
Wenn Du nach BLAISE CENDRARS suchst, mußt du aus diesem
Wahnsinn heraustreten und die hin- und herschlingernden Körper
vergessen. Unser Feind ist das Atom. Nicht das Stammeln,
Stöhnen und Husten der Münder. Das Imperium ihrer Füße.
Wenn du etwas notierst, sind die Wörter nur eine Art Verpackung,
die sich jederzeit wieder entfernen oder ersetzen läßt. Kaum hast
du etwas dingfest gemacht, in Etappen geordnet, thematisch
eingeengt, schon zerlegt es sich wieder in sternschnuppenförmige
Bildersprünge. Die Welt in Worten nachzubauen, wozu?
Um draußen Fuß zu fassen, brauchst du makellose Adressen:
zum Beispiel: RUE SAINT-JACQUES 220, HOTEL DES ETRANGER,
in welchem Frédéric Sauser seinen Namen wechselte und zum
Dicher BLAISE CENDRARS wurde. 1910 als 23 jähriger.
Die passenden Stichworte, sprich Zitate liefert dir jede Buchhandlung.
Hiersein ist die Kunst der Verknappung. Wichtig ist, eine Sprachform
zu finden, in der du dein eigenes Leben ausweidest, vermarktest.
Bilder, die sich gegenseitig anstoßen wie Billarkugeln.
PARIS als Erinnerungsbank. Ein afrikanischer Urwald sobald
du das Labyrinth der METRO betrittst: DIE MASKEN SCHAUEN ZURÜCK.
Und der Einfachheit halber die optimale Vernetzung der einzelnen Bestandteile. Die Begierden von AIDS und die neu choreo-
graphierten Sündenfälle. Notbeatmet und zwangsernährt.
Und hier schrieb er sein ERSTES GEDICHT OHNE METAPHERN,
elastische Texte, die Nerven gespannt und die Muskeln gestrafft,
bereit, sich in die Wirklichkeit zu stürzen. Und PANAMA –
geradewegs mit den Händen zu greifen! CENDRARS, „der Homer
des Transsibirischen", ein distinguierter Clochard mit drohendem

Armstumpf, der einarmige Dichter. 18 Stunden Schreibmaschine am Tag.
Einer, der die eigene Welt darstellte. Der im Käfig der Meridiane kreiste.
Und die verbliebenen Wunden mußten erhalten bleiben,
mußten schmerzen, durften sich nicht schließen, sollten Wunden bleiben.
Inzwischen sind wir in einer Zeit angekommen, wo Denken subversiv ist.
Wo das Potential zur Revolte längst verbraucht wurde.
Und noch einmal: Wenn du BLAISE CENDRARS suchst, mußt
du in die RUE JEAN DOLENT 23 gehen. Dort lebte er als 73 Jähriger.
Schräg gegenüber die schreckliche Mauer des SANTE-Gefängnisses.
Vom Salpeter verfärbt, von ätzender Säure zerfressen, riesige Fresken darauf...

PARIS: VILLA SEURAT 18

Alles Zufallsfunde. Und je mehr dieses Leben zusammen-
wächst, desto leichter der Perspektivwechsel. Was dir hilft,
ist der Stillstand der Häuser. Die Partituren von Fenstern und Türen.
Die verglasten Terrassen. Die Orgelpfeifen der senkrechten Schornsteine.
Am Ende kulminiert all das Beobachtete. Verflüssigt sich
die Ausschnittvergrößerung in ein Malaria-Bild von auseinan-
derstrebenden Körpern. Und du begreifst: Wie leicht du dich täuschen kannst.
PARIS ist ein Ort, wo die HONDAS und die NAGASAKIS durch
die Nacht dröhnen, du glaubst es nicht. Hier Am GARE DU NORD.
Der Fremde im Würgegriff seiner Gepäckstücke. Der Fremde,
der Millionenfremde, der Erlebnisfremde, der durch die Maul-
wurfgänge der METRO hastet. Und ein Tor, der das Bleiberecht
für alle fordert: Denn fremd ist jeder, der von Außen kommt,
der aus weiter Ferne kommt. Du hörst den Hall deiner Schritte nicht.
STILLE TAGE IN CLICHY? Davon träumst du vergeblich.
Nur das Café, ein Ort zum Verweilen. Zum Zeitverschwenden. Ein Ort
für Mußestunden. Historischer Besitzstand der Stillsitzenden.
Hier seßhaft zu sein, gilt als gehobene Kulturstufe.
Ein Veteran wie ich, der hier sein schweißtriefendes Hemd wechselt.
Ein Café als warmer Unterschlupf. Hinter Säulen und Lüstern verborgen.
Ein paar Speisekarten und die Augen beginnen zu tanzen.
Und hier gibt es diese Blickwinkelmomente, die ich zu notieren
versuche, diese ICH-ABSPLITTERUNGEN, die ich nicht verhindern kann.
Ich müßte die RUE DE MAINE oder die RUE BONAPARTE suchen.
Hotels in denen HENRY MILLER wohnte. Es gibt Namen,
die das Hirn bewegen, die Cafés mit Abwesenden bevölkern.
Und hier sitzen sie: Die Schöngeister. Die virtuellen Idole. Die Außer-
irdischen. Die Schlitzäugigen und Schwarzgetönten. Die Kids
aus Chicago oder Detroit. Atemberaubende Gesichter aus
Madagaskar und Surabaya. Alles nur Zufallsfunde.
Ethnische Differenzen und das Zittern der METRO unter den Füßen.
Statt CLICHY sah ich die Ausstellungen von MAN RAY, PICASSO

und BOLTANSKI. Zahlreiche Bilder in ein und demselben Kopf.
Dazwischen eine Autofahrt mit Pascale und dem blinden BAVCAR
nach AUVERS, um das Grab von VAN GOGH zu besuchen.
Der Millionenfremde, der Versäumtes beklagt: Die fehlenden
Krähen zum Beispiel über dem Weizenfeld. Die heißen Luftblasen
und Moskitoschwärme darüber. Aber was ich von MILLER fand,
war die VILLA SEURAT 18. Eine schmale Straße mit alten Häusern
und Gärten. Eine werkstattmäßige Suche. Dem Wendekreis des Krebses
folgend. Und daß HENRI MILLER von hier NACH NEW YORK
zurückkehrte. Im Juni 1938. Ein einfacher Sprung ohne Übergang.
Der Ozean eine Lichtung zwischen der alten und der neuen Welt.

PARIS: PASSAGE JOUFFROY

Der Tag ist längst verebbt. In der Ferne noch immer die schemenhaften Gestalten meiner Füße. Mir selbst vorauseilend, der mit altersbedingter Vergeßlichkeit die Namen der Straßen verwechselt. Der Autor als Ermittler. Jemand, der Scherben einsammelt, seit Tagen die Stadt durchquert mit vorausblickenden Füßen. Im allgemeinen in DENKLANDSCHAFTEN beheimatet, in poetischen Übertreibungen zuhause, ein Gegner von längeren Fußmärschen. Da war als erstes die Umkreisung der MADELEINE, die Eroberung des PALAIS ROYAL, zwei oder drei Passagen von Walter Benjamin. Das Unterwegssein als programmatischer Werkkomplex. PARIS ist kein Ort des geordneten Diskurses. Eher ein Gelände für Abschweifungen, für minimalistische Nomaden-Wege. So folgte der BROCANTE-Marsch entlang der Seine, an der Bastille. Die Durchquerung des PLACE DES VOSGES. Ein Panorama, das die Kopfarbeit erträglich macht. Ein unbegreiflicher Frieden dreißig Jahre nach dem Pariser MAI 68. Keiner ist beunruhigt, keiner hört die Signale, keiner wiegelt zum Aufstand auf. Einmal war es das CHATELET, vorbei an der gereinigten NOTRE DAME zu SHAKESPEARE & COMPANY: Und schon erblickten wir die ULYSSES lesende Silvia Beach. Vor allem JOYCE, der mit weitgeöffnetem Mantel, Stock und Hut die Straße entlang kam. Aus seinen Schuhen rieselte Sand, aus den Jackenärmeln der Staub. Die Touristen sind keine solidarische Gemeinschaft – eher ein Kombinat von Einzelkämpfern, jeder für sich und simultan unterwegs. Der eine sieht MILLER in der COUPOLE, der andere POUND im SELECT. Und wieder ein anderer: CENDRARS im ROTONDE und SARTRE im FLORE, HEMINGWAY in der CLOSERIE DES LILAS oder BRETON im MAGOTS. Alles ist möglich. BECKETT im DOME und GENET im RUBENS. Die Namen sind austauschbar und außer Kraft gesetzt. Und das Gedicht eine Bauskizze, ein freiverfügbares Material. Doch der Tag ist längst verebbt. Die Gier ist schal geworden. Unbekümmert die Füße, die unterwegs sind.

Vorbei an der PALETTE, in der APOLLINAIRE seinen Absinth trank.
Das weiteste Ziel: GRANDE ARCHE DE LA DEFENSE. Nutzlos mit
dem Finger zu schnippen oder mit den Achseln zu zucken:
Die moderne Architektur als archimedischer Würfel, weit entfernt
von der spirituellen Kraft der MAORIS. Lieber ästhetische
Brachflächen als der Möblierungswahn der öffentlichen Plätze.
Als letztes die Tage längst verebbt, der Fußmarsch von gestern,
der sich vom BOULEVARD MONTMARTRE bis zum Louvre erstreckte.
Dazwischen PASSAGEN! Die schönste JOUFFROY. Meine voraus
eilenden Füße in Blei gegossen zwischen den Zinnsoldaten.
Waren es die Antiquariate oder die Läden mit den Briefmarken,
oder Zinnsoldaten, die BENJAMIN in den Passagen so interessierten?

PARIS: RUE BASFROI 48

Darüber nachdenken, was ich hier suche. Entscheidend ist
nicht das Bild dieser Stadt, sondern die Kunst der Betrachtung,
der Umgang mit den wahrgenommenen Menschen: Mit diesen
Köpfen aus Togo und Ghana, aus Mali und Senegal, Kongo
und Dakar. Was machtst du mit all diesen Mulatten, Mestizen
und Häuptlingen? Die einen vom Äquator, die anderen von
der Goldküste. Kahlköpfige Schwarze aus Kamerun. Weißgekleidete
Gestalten in Mokassins. Chinesen, Japaner, Araber.
Die Fernsucht ein psychisches Ferment, das Protein verbraucht.
Es gibt keine gesicherten Erfahrungen, keine unbezweifelten
Kenntnisse. Immer nur diese masochistische Energie nach
sich selbst zu suchen. Der Autor als Rückfalltäter. Und immer
die Frage WO IST EIN KORRIDOR zwischen all diesen afrikanisch,
orientalisch und asiatisch gewandeten Clans, den ich
für mich benutzen könnte? Wo ist ein Hohlraum zwischen
all diesen Ländern, Rassen und Hautfarben, den ich bewohnen
dürfte? Ich weiß es nicht. Und all diese Menschen sprechen
die Sprache Apollinaires, auch wenn es dem Schmatzen von Echsen
gleicht. Füße aus Java. Füße aus Kamerun. Und dazwischen
meine eigenen Füße, die den Crash simulieren. Und diese Füße
können sich von meinem Körper loslösen und in fremde Körper
beliebig einklinken, davoneilen als Pakistani, nach
Togo oder Ghana, Mali oder Senegal. Fußwege, die
keinen Endpunkt kennen. Die sich weit in die Tiefe der Welt erstrecken.
ZWEI FÜSSE OHNE FESTEN WOHNSITZ. Umrauscht von
den Stimmen der Völker, Rassen und Clans. Was für ein Bild!
Meine zwei Füße, die sich von mir entfernen, mich als Torso zurücklassen.
Nach zwei Wochen PARIS zum erstenmal einen grünen Rasen:
JARDIN DU LUXEMBOURG mit Buchen und Eichen, Zedern und Jasmin.
Menschen in Ruhestellung. Statt der gröhlenden METRO
vereinzelte Glockenschläge, statt der gewohnten Autoströme
das Gurren der Tauben. Der ruhige Atem einer winzigen Ameise.

GRÜNE WELTENTWÜRFE, wie es sein könnte. Rassen, die koexistieren.
WAHRHEITSPROGRAMME, die längst verwirklicht wurden.
Und trotzdem: Wozu diese wahrheitserschließenden Worte,
die sich gegen ihr eigenes Verschwinden, gegen ihr eigenes Vergessen
zur Wehr setzen, wenn diese Welt nur notdürftig damit
beschrieben wird? Ein Gedicht, das aus unserem Leben hervortritt.
Das meinen Körper durch PARIS trägt, über Treppen schleppt,
in METRO-Züge preßt. Nur eines kann es nicht: Sich mit zwei
Füßen fortbewegen, wie die meinen in Togo und Ghana, in Mali oder Senegal.

PARIS: PERE LACHAISE

Wörter, die mir behilflich sind. Fernab vom Getümmel in einer
Bar sitzend, die HORIZON oder RENAISSANCE heißt.
Das Viertel rund um den PLACE VOLTAIRE nicht weit vom PERE
LACHAISE entfernt. Pfingstsonntag, an dem wir hier die Gräber von Balzac,
von Proust und Apollinaire besuchten. Von der Stein und Eluard.
Zwischen den Gräbern tiefgrünes Moos wie Tang. Schwammgewächse,
die eisernen Türen von Rost zerfressen. Auf manchen Grabplatten zurückgelas-
sene Steine der Besucher wie Amulette. Überbleibsel
ihrer Gefühle, konservierte Berührungen, Echtheitszertifikate ihrer kurzfristi-
gen Anwesenheit: Die WINNI aus glücklichen Tagen.
Etwas will jeder zurücklassen. Einen Zettel mit wenigen Worten
wie bei der STEIN, eine einzelne Rose bei PROUST, ein Bündel Lyrik.
Ansonsten kein Brausen vom Himmel, keine Pfingsflammen,
nur erkaltete Engel aus Marmor. Davongehen mit umflorten Blick.
Am schlimmsten die Mahnmale für die deutschen KZ: In den
Raum gekrümmte Knochenmenschen aus Eisen und Bronze. Die
altbekannten Namen wie DACHAU oder RAVENSBRÜCK. Vergiß sie!
Stattdessen sich der letzten Worte zuwenden. Ein bunt zusammen-
gewürfelter Haufen von Zeitungsworten, aus denen ich
kurzerhand ein Gedicht versuche. Eine liebgewonnene Arbeit,
mit der ich über weite Strecken des Tages hinwegkomme.
Meine rechte Hand – eher eine literarische Uniform als ein Ding
mit Kunstcharakter, zeitlebens beschäftigt, und doch
ein sprachbildendes Organ, das mir behilflich ist.
Wohin sich diese alte Hand auch wendet, überall beschreibt sie Orte
vergangener Geschichten – doch ihr Schmerz wäre geringer,
wenn sie nichts Versäumtes zu beklagen hätte. Sehen lernen,
wie es der blinde BAVCAR macht, der mit geschlossenen Augen lebt,
der das Sehen gezwungenermaßen als WORT-Objekt betreiben muß.
Der die Wörter als skulpturale Ausdehnung benutzt,
um damit die Welt zu verräumlichen, ertastbar zu machen,
für seine Hände. Aber was immer ich tue, es verflüchtigt sich

nach kurzer Zeit, zerstäubt. Der Blick schweift weiter, auch ohne
intime Kenntnisse der Urbilder. Und auf einem dieser
Panoramaschiffe sitzend, durch das Gewölbe der Bastille, über vier
Doppelschleusen gehievt, an Hebebrücken und Drehbrücken vorbei.
Was ich registriere, ist die Leere der fehlenden Aura, die die abwesenden
Originale hinterlassen haben. Die Zersetzungssphäre der Jetztzeit.
Sich auf Gefühle einlassen, wozu? Wo es nichts mehr zu sehen gibt,
verlassen die Voyeure das Sichtfeld. Luxus ist, die reine Luft
und die Stille zu atmen, Abstand zu allen und für niemanden
erreichbar zu sein. Fernab vom Getümmel der Wörter.

PARIS: RUE DE FLEURUS 27

VOR ORT sein heißt, daß ich mir Notizen mache, wo immer
ich kann. Der Autor: Eine wandernde Spezies, die unterwegs ist.
Trotzdem gibt es Stunden ohne Tiefenschärfe, in denen
tausende Sinneszellen orientierungslos in den Raum greifen.
Sehen heißt: Aufspüren, freisetzen, dingfest machen - aber nach
welchem Bedürfnis? Unterwegssein als Werkbegriff?
Es ist nicht das Abbild, nicht die Erhaltung der Materie, von der
ich träume. Es ist die Mobilität der Orte, DIE ABTASTUNG bio-
graphischer Spuren. Alles in allem: Ich will wissen, woher die Worte kommen.
Die Bücher wie Beutestücke. Ein Sack voll Requisiten..
Anders gesagt: Die letzten Habseligkeiten eines Obdachlosen.
Deshalb die Suche nach ihren Entstehungsorten. Das Sammeln
von Geburtsorten: Das Haus und die Tür, das Fenster und der Tisch,
auf dem sie geboren sind. Wissen wollen, WIE es geschehen ist.
Deshalb die Erwartung, ob sich ein Weg vor dir auftut. Eine Tür
sich dir öffnet. Eine Suche, die uns allen gemeinsam ist.
Und fast als letztes: Der Weg zu GERTRUDE STEIN in die RUE FLEURUS
Nr. 27. Und wie der blinde BAVCAR mit einer Petroleumlampe an ihrer
Haustür nach ihrem Namen sucht. Ein Ablauf, der von uns
inszeniert wurde, wie die zurückgelassene Reisetasche, Hut
und Schal am Eingangstor von APOLLINAIRE am Boulevard
St. Germain Nr. 172. Bilder, die etwas festhalten, was uns verlorenging.
Oder wie sich meine Füße vor der eisernen Gartentür der ehemaligen
POUND-Wohnung in der Rue Notre-Dame-des-Champs Nr. 70
ungeniert meiner Schuhe entledigten. Die Geste als Lehrstück.
Seiner Cantos gedenkend, „die die amerikanische Literatur
vor dem Selbstmord retteten." Was mir gefiel: Daß er von
Hemingway das Boxen erlernte und mit ihm Charleston
tanzen ging. Deshalb die Schuhe vor seiner Gartentür.
Aber zurück in die FLEURUS Nr. 27: Eine der TÜREN ZUR POESIE.
Die Adressen wie Wegmarken. Verstecke, die von allemnReiseführern
genannt werden. Es gibt keinen Ort, an dem ich empfänglicher

für Sinneseindrücke bin, als in der Topographie ihrer Wörter..
Was mich fasziniert, ist der Blick auf ihre authentischen Häuser,
auf deren Fassaden, Türen und Fenster. Ich muß wissen, daß es sie gab.
Hier wurden ihre Wörter verräumlicht, auf Straßen, Plätzen und Passanten aufgeteilt, die ihre Wörter noch mit sich herumtragen.
VOR ORT sein heißt, DIE SPUR DER WÖRTER FOLGEN bis in ihre
ehemaligen Behausungen. In Reichweite ihrer Türen leben.
Eine Tätigkeit mit Versuchscharakter, denn ihre Wörter sind
längst geklont und mutiert in den Köpfen der Interessenten.
Es ist nicht die Jetztzeit, die Vermehrung der vorhandenen Wörter,
von der ich träume. Es ist die Zeit von DAMALS, die ich versäumt habe.

PARIS: RUE DU BANQUIER

Alles Sekundensplitter! Blickfänge! Die Augen wie Netzsurfer.
Waagerechte und senkrechte Bildschnitte, die sich während
der Busfahrt noch beschleunigten. War es der 39er oder 83er?
Am heitersten die Strecke zum LUXEMBOURG. Die Erholungsstunden
zwischen den Bäumen. Die Menschen auf den olivfarbenen
Eisenstühlen. Atmende Objekte. Elegische Ausschnitte.
Das entfernte Gekreisch einer Schulklasse. Die entfernten
Aufschläge der Tennisspieler. In der Mitte des Rasens ein auf-
rechtstehender, grünspangefärbter Sechsender. Holunder.
Es gibt Bildfragmente, die notwendigerweise nicht flüchtig
sein müssen, sondern auch dauern können. Ein Beispiel
dafür der EIFFELTURM: Die auf- und abgleitenden Aufzüge.
Die patrouillierenden Soldaten in Tarnanzügen, ihre Maschinen-
pistolen drohend im Anschlag. In der Mitte des Eiffelturms
das Porträt von Jules Verne. Auf einer Anzeigentafel die noch ver-
bleibenden Tage bis zum Jahr 2000: Aber wie zurechtkommen
mit dieser einzigen, viel zu kurzen Lebenszeit? Mit diesem
Lebenszeitmangel? Das Schweigen der Autisten hat seine Gründe!
Aber welche? „Literatur ist der Versuch, mit einem Schmerz zu sprechen", sagt
Genazino, „und daß diese Rede des Schmerzes eine Konstruktion ist."
Was wir benötigen, ist nicht die biographische Einzelgeschichte,
die bisherige Lebenseinzigkeit, sondern eine Vielzahl von Leben,
eine Vielzahl von Schmerzen, wie sie Autisten erleben.
Und was ich mir wünsche – während ich hier im Garten des PALAIS ROYAL
sitze, ist eine erträgliche Distanz und zugleich eine bekömmliche
Nähe zur Welt. Stattdessen ein diffuses Halbdunkel, zu nah
an den Dingen oder zu weit. Alles Sekundenbilder! Und danach
der Versuch, was sich substantiell zusammenpressen läßt.
Was kann ich schon wissen von einem Menschen, der hier ge-
wohnt hat? JEAN GENET, der zeitlebens von Hotel zu Hotel wechselte.
Sich am Ende im HOTEL RUBENS einquartierte, zwischen
Gegenwartsmenschen ein und ausging. Zeitlebens ein Fremder.

Rückhaltslos vereinzelt bis zu seinem Tod: Doch als er von seiner
letzten Reise zurückkehrte, waren alle Zimmer des RUBENS belegt.
Und GENET mußte in das HOTEL JACK'S überwechseln.
Und dort fand man ihn: Nackt auf dem Boden des Bades liegend,
ein verendetes Wesen, noch fremder als jemals zuvor.
Am Ende zählt, weshalb ich hier stehe, und wie oft ich hier stand.
Hier, wo sich die Räume übereinanderschieben. Ein von Erinnerung
umlagerter Ausschnitt. Vor der Tür des Hotels drei grüne Mülltonnen,
ein hölzener Klappstuhl, darüber ein gestreifter Morgenmantel
der BAVCAR gehört.

KÖLN: HOHE STRASSE

Vermischungen finden statt. Und der Raum dehnt sich aus.
Das alles ist weltläufig und banal zugleich: In KÖLN
anzukommen und Deutschland als grünes Getreideland
im Kopf zu haben. Im Großen und Ganzen sind es die Bilder
aus dem Intercity-Fenster. FLICKERBILDER wie es BRINKMANN sagte,
flickernd und voller Sprünge, der Kopf eine Mischmaschine.
Diese ungeheure Alltäglichkeit, auf Deutschland zu blicken.
Und endlich der DOM, das herausragende Signet der Stadt,
die mich an ROLF DIETER BRINKMANN erinnert: „KUNST SCHREITET
NICHT FORT, SIE ERWEITERT SICH", so schrieb er damals.
Das Frühstück bei CAMPI am Wallrafplatz: Es gibt keine Vipern
und Schwalben wie in La Capelle. Und es hat keinen Zweck
unablässig am Steinboden nach römischen Tonscherben zu suchen.
Hier gibt es andere Szenarien, die mich abbremsen, mich mit
SEHENDEN AUGEN wieder erblinden lassen. Oder so ähnlich.
Und natürlich: Er hatte recht, das Kurz-Zeit-Gedächtnis
wird noch immer bevorzugt. Der Abfall-Charakter der Welt.
Allein schon die Zeitungslektüre ist wie ein bodenbedeckender
Müll, den ich am liebsten wieder vergessen möchte: Die Katastrophe
von ESCHEDE. Die systematischen Vertreibungen im KOSOVO.
Die Gefechte zwischen Äthiopien und Eritrea und der Atomtest in Pakistan.
Die Kämpfe der Zapatisten und das Erdbeben in Afghanistan.
Der Start der DISCOVERY und die Worte des DALAI LAMA, der die
Abschaffung des Krieges fordert. Alles wird seines Sinnes beraubt.
„Warum hier haltmachen? Warum irgendwo haltmachen?"
fragte BRINKMANN im gelben ACID-Band. Und selbst der Autor
verhielt sich so, daß es ihn womöglich nicht leibhaftig
geben mußte. Was ihn interessierte, war das Nebensächliche,
das er konsequent zum Hauptsächlichen machte: Darunter
das Napalm-Lächeln des Bundeskanzlers. Die Literatur, die Spaß machte.
Was zurückblieb, ist der Schmerz der Nachträglichkeit.
Ein bloßes Zucken der Augenlider. Von Sinnenglück keine Rede.

Und schon wieder siehst du in eine Richtung, in der es
schon lange nichts mehr zu sehen gibt. Hier lebt kein Creeley
oder Kerouac, kein Burroughs oder Mc Luhan, oder dergleichen.
Nur du und ich, ANDROIDEN allesamt, die durch die HOHE STRASSE
gehen. So könnten wir zueinander kommen, wie in den 60er Jahren.
Die Bilder kehren zurück und du könntest mühelos Anschluß finden.
Stattdessen nur deine Auslöschung, die unser Siechtum bewirkt.
Diese flickernden Bilder. Das beliebige JETZT als Oberfläche.

NAZCA: HOTEL TOURISTA

Dieser Überfluß! Diese Anhäufung von Dingen, die entsorgt
werden müßten. Nur die Ordnung der Wörter schafft Ruhe.
Verringert den Konfliktstoff. Schafft neue Zusammenhänge für die unübersichtliche Welt. Wörter sind Wegweiser fürs Auge.
Seismographen ihrer Zeit. Aber schon eine einzige Zeitungsmeldung
genügt, und diese richtig sortierten Wörter gleiten im Schlingerkurs quer
durch den Raum: So geschieht es mit MARIA REICHE, die am
Montag, den 8. Juni gestorben ist. Kaum zur Kenntnis genommen,
sind meine Wörter schon unterwegs. Und wer nomadisiert, reist ohne Gepäck.
Der Mensch ist ein Ort, der permanent auf Reisen ist.
Heute Berlin und morgen Peru. Und hier sah ich sie, mit einer blauen
Papierkrone auf dem Kopf inmitten ihrer Indios.
Die gekrönte MARIA REICHE, die damals ihren 79. Geburtstag
feierte, einen Teller Pellkartoffeln vor sich auf dem Tisch.
Zwei Tage später betrat ich mit ihr die astronomischen Zeichen von NAZCA.
Rätselhafte Scharrbilder, die Erich von Däniken als Landepisten
außerirdischer Astronauten bezeichnete: Trapezförmige
Flächen, Dreiecke und Quadrate aller Größen.
Tierdarstellungen, die zwischen 15 und 300 Meter groß sind.
Darunter der Condor, die Spinne, der Affe, die Füße des Leguans
und die Silhouette eines Fisches, ein Vogel mit schlangenähnlichem Hals.
Am unbegreiflichsten die parallel verlaufenden, schnur-
geraden Sonnenwendlinien, die Berge und Straßen überqueren.
Was für ein Erlebnis, mit dieser weißhaarigen Frau in den
Zeichen von NAZCA zu stehen! Wie sie auf eine
Holzlatte gestützt, geblendet zur Sonne blickte: Eine Mathe-
matikerin aus Dresden, die weit über tausend Linien
und geometrische Flächen vermessen hatte. Einmal den Blick
geschärft, blieb er für immer scharf, auch dann,
als sie erblindete. An ihrer linken Hand fehlte ein Finger.
Um was es ihr ging, war die Ikonographie eines Kosmos,
dessen Vermessung und Ausdeutung niemals gelingen wird.

Um diese in den Schotter gescharrten Linien, die das Erdgeschehen von Sonne und Mond abhängig machten.
HOTEL TOURISTA: Für sie eine Sonnenbeobachtungsstätte, bis sie 95 wurde. Für ihre Indios eine Halbschamanin. Genauso geheimnisvoll wie ihre Geoglyphen.
„Gott muß wachen, Gott muß schützen", hörte ich sie noch aus ihrem Zimmer singen, als ich mit dem Inka Trail zum MACHU PICCHU fuhr.

BERLIN: CHAUSEESTRASSE 125

Endlich wieder die Schweigepausen! In der S-Bahn sitzen
und durch dieses heillos verzerrte BERLIN fahren. Aber der Ort
wird nicht besser beim Wiedersehen. Implantate wohin
du auch blickst. Die Signatur der Stadt nur noch ein kryp-
tisches Kürzel. Und daß die Neugier schwindet! Denn nichts
ist bedrückender als dieses unabgeschlossene Feld von Ideen
zu durchqueren. In diese Löcher der künftigen Fundamente zu blicken.
Nach BERLIN zurückzukehren, bedeutet in einer großen Lethargie
zu verharren. Und es bedarf der Lernhilfen, hier froh zu sein.
Übelkeit, ob du willst oder nicht. Alles ist längst geschehen.
Allzuoft geschehen. Vorauseilend bewundert worden.
BERLIN, eine Stadt, die sich in ihrer Versehrtheit feiern läßt. Die sich
Metaphern antrainiert und in aller Unbedenklichkeit
der Welt verkündet. Jetzt, wo alles entschieden und verloren ist.
Und es ist Mittag an einem beliebigen Freitag, an dem ich
die CHAUSEESTRAßE 125 betrete, in der einmal BRECHT lebte.
Oder präziser: Nur noch 3 Jahre zu leben hatte, was er nicht wußte.
Was ich registriere, ist Marx und Engels auf dem mit grünem
Filz überzogenen Schreibpult. Das sind Anhaltspunkte...
An seinem Fensterplatz die kleine Reiseschreibmaschine,
und hier saß er, mit einem in die Ferne gerichteten Blick, denn
der KALTE KRIEG DER MONUMENTE hatte längst begonnen.
Sich heute gegen die Künstlichkeit einer Metropole auszusprechen,
ist pures Feuilleton. Bleibt die Jubiläumsfalle BRECHT.
In seinem Schlafzimmer noch die HERALD TRIBUNE vom 12. August 56,
mit äußerster Sorgfalt neben das Bett gelegt. Mütze und Stock
an der Toilettentür, als wäre er damit zurückgekehrt.
Und durch sein Fenster auf den Friedhof zu blicken, erschien
ihm nicht ohne Heiterkeit. Anders als am dänischen SKOVSBOSTRAND,
ein altes, strohgedecktes Fachwerkhaus am See: 9 Fenster
zum Ufer, „vier Türen zum Fliehen. Den Sund herunter kamen die Fähren."
Ich notierte Kastanien und Nußbäume, Flieder und Ebereschen.

Saß an seinem hölzernen Gartentisch auf dem dazugehörenden
Stuhl im August 89. Erinnerungen die Gegenwelten schaffen.
Die Schweigepausen möglich machen. Die Löcher der künftigen
Fundamente vergessen lassen. Als letztes mußt du sein Grab suchen:
Ein hundertjähriger Dichter, nicht weit entfernt von Fichte und
Hegel liegend. „Rabenschwärme junger Menschen am Hals", die Fragen stellen. Eine davon: Wie das Getreide der Welt verteilt werden sollte.

BERLIN: CARMERSTRASSE 3

Die Stadt als Resonanzboden: Ein hallender Raum der vibriert,
dessen innerste Bewegungen bis in die äußersten
Peripherien reichen. Und überall diese auseinanderdriftenden Teile.
Aber das Entscheidende für ihn war immer das ÜBERSCHREITEN
VON SCHWELLEN. Dieses „eigensinnig-wollüstige Verharren"
auf einer Schwelle zu stehen, dieses unvermittelte Zögern,
bevor er ins fremde Nichts schritt. Ein Nichts, das er fürchtete.
Und er meinte damit nicht nur die topographischen Bereiche,
sondern auch das Überschreiten von Klassenschwellen.
Diesen feuchten Schweißgeruch einer zusammengepferchten Menge.
Und nun geht die Erinnerung „vom Kleinsten ins Kleinste,
vom Kleinsten ins Winzigste": Denn sobald WALTER BENJAMIN
von der CARMERSTRASSE 3 kommend, den Savignyplatz
passierte, erblickte er schon von weitem das „abstoßende Zifferblatt"
seiner damaligen KAISER-FRIEDRICH-Schule. Eine märkische,
burgähnliche Backsteingotik von 1900, von der er „keine
einzige heitere Erinnerung bewahrt hatte." Nur dieses Vibrieren
der auseinanderdriftenden Teile. Der Geruch der mit Linoleum
ausgelegten Flure. Das Geräusch der an- und abfahrenden S-Bahnzüge
die unmittelbar neben der heutigen Schlüter-Schule davonfuhren.
Und hier beginne ich allmählich seine Angst zu begreifen:
Seinen Umgang nämlich mit dem Verlust. Wie er die Sprache
als Abschied nutzte. Als eine zu Ende gehende Wegstrecke.
Daß er sich schließlich vom Schauplatz der Allgemeinheit zurückzog,
und am liebsten die Wiederverwertung der Worte verweigert hatte.
Doch der Ausgangspunkt war die CARMERSTRASSE, in der
ich selbst einmal wohnte: Eine Sammelstelle von Rudimenten.
Das gleiche vierstöckige Haus von damals, dieselbe Eisentür,
jetzt ein Apotheker- und Ärztehaus. Und noch heute
vergegenwärtige ich mir „den abendlichen Lichtstreif"
unter der Schlafzimmertür seiner Eltern. Und auch dies eine Schwelle.
Die Grenze zwischen seinem Körper und den Körpern der anderen.

Der Lichtstreif als erstes Reisesignal. Ein paar Herzschläge lang
die geheimnisvolle Schwelle, hinter der er die Welt vermutete.
Eine Welt, die er später auf kleinstem Raum zu benennen wußte.
Doch am schrecklichsten die Uhr seiner Schule, das Murmeln
hinter den Klassentüren, „DAS GESTÖBER DER LETTERN."
Und noch heute die zinnenbekrönte Leiste über den Fenstern.
Statt Gaslicht das Neon. Und noch immer die ein- und aus-
fahrenden S-Bahnzüge, die für ihn den steten Fluß des Lebens ausmachten:
Fremde und Weite. Und keine Ferne war ferner als jene Stelle,
wo die auseinanderdriftenden Teile der Welt gegeneinanderstießen.

BERLIN: NIEDSTRASSE 13

Ein Gedicht schreiben bedeutet, daß sich etwas Sichtbares
während des Gehens langsam zusammenfügt. Alles ist brauchbar.
Meter für Meter. Auch die altbewährten Irrwege, die ich längst
vergessen glaubte: ERINNERUNG IST ANGESAGT. Besonders die,
die unter dem Deckmantel der Poesie einen Teil meines
Lebens ausmachten: FRIEDENAU, ein Stadtviertel der kurzen Wege.
Und über das Sichtbare das widerspiegelnde DAMALS gestülpt.
Der Sprachenspur entlang tastend. Wie eine Schnecke. Über Staub-
schichten und unbelebte Gemäuer hinweg. Nichts abwiegeln
und totschweigen. „Und nicht nach Fertigem greifen", wie Grass
empfiehlt, sondern „formen, verformen. Ist billig. Macht Spaß
und vertreibt die Zeit". Etwas, was durchaus dehnbar ist.
Du betritts den FRIEDRICH-WILHELM-PLATZ und alles
ist identisch mit dem Bild der 60er und 70er Jahre: Wohin zuerst?
Verständlich, daß es die Wilhelmshöher Straße ist, in der ich
diese Jahre selbst erlebte. Nicht weit davon entfernt das BUNDESECK,
unsere literarische Pilgerstätte. Eine gewöhnliche Eckkneipe,
die inzwischen einen sakralen, inbrünstigen Ausdruck erhielt.
Schließlich wurde sie vom „Roten Kreuz" vereinnahmt, das die
heimatlosen Dichter verzweifelt durch die Straßen irren ließ.
Eine Methaper, nichts weiter. Episch ausufernde Berichte.
Aber hier saßen sie alle: GRASS und Johnson aus der Niedstraße,
Enzensberger aus der Fregestraße. Born und Buch aus der Dickhardtstraße.
K.P. aus der Görrestraße. Bisinger aus der Rheinstraße.
Und Ute Erb aus der Fregestraße. Schließlich Jonke und Loschütz,
Klaus Roehler von LUCHTERHAND. Besäufnisse und Gelöbnisse
in aller Öffentlichkeit. Literarischer Prunk und literarischer Humus.
Nur Schenk und Meckel hab ich hier nie gesehen. Oder Stomps und Fuchs.
Inzwischen findest du keine Namen mehr an ihren Türen.
Die Wohnungen wurden frisch gestrichen und die Briefkästen erneuert.
Nur in der Sarrazinstraße 8 der Name des verstorbenen Frisch.
Die Geschichte wurde begradigt. Die Wörter stillgelegt.

So hat sich jeder entfernt und unkenntlich gemacht. Eine Poesie,
der das Stigma des Vagabundierens anhaftet. „ORTSWECHSEL
WAR ANGESAGT." Und so verscherbelten sie ihre Immobilien
und sind unterwegs. Aber die Schnecke von Grass hat sie längst überholt.
„Jetzt hecheln wir ihrer Spur hinterdrein" schreibt Günter Grass
in seinem Werkstattbericht. Der Kadaver Zeit ist schon verwest.
Was so entsteht, ist ein Gedicht, das auf eine zusammenhängende
Handlung verzichten muß. Eine archäologische Grabung, nichts weiter.
Erlebt und geschrieben im Zustand hypnotischer Fremdheit.

PRAG: BILKOVA 10

Diesmal keine Wiedergabe des Gesehenen. Stattdessen eine
Stadt, die während der Reise verschwunden ist. Kein Erstarren
der Bildmasse. Kein Sehen, Festhalten, Verarbeiten. Einer der sich
treiben lässt, weit davon entfernt, meinen eigenen unsteten
Bewegungsdrang zu begreifen. Nach PRAG unterwegs. Doch was
kann ich erzählen? Vom Rütteln der Gedanken während des Zugfahrens.
Vom Blick auf die gelben Getreidefelder. Die Chronologie
ist aufgehoben. Die Wörter KOPFUNTERGESCHRIEBEN wie die Bilder
von BASELITZ. Und jetzt: Die Koordinaten koordinieren nicht mehr.
Das JETZT ein Mosaik des Unfertigen, verfügbarer Rohstoff,
der wie abgelegte Gebrauchsgegenstände zum überflüssigen
Müll mutiert. Letzten Endes ist DIE ARBEIT AM TEXT immer
eine Ablösung von dieser Welt. Ein chaotisches Verhalten von
Hirnströmungen, die im Kreislauf der Diskurse leben.
Und PRAG, plötzlich ist es verschwunden, vom Erdboden verschluckt
und mit ihr die BILEKGASSE 10, der heutigen BILKOVA,
in der einmal KAFKA als 31jähriger seinen PROZESS schrieb.
Du lernst, was du wahrnehmen, werten und einordnen mußt.
Die Handlungsfähigkeit eines Lyrikers zeigt sich in der Ein-
beziehung der Außenwelt: Stattdessen die außer Kontrolle
geratenen Wörter wie RATHAUSGASSE oder Wenzelsplatz, Geist-
gasse oder Zeltnergasse. Wozu die Abstraktion unserer Ausdrucksmittel,
wenn wir nicht mehr nach draußen blicken? Der Chronist
muß Teil seiner Chronik sein. Es sammelt sich an. Es ordnet sich
selbst. Alles ist eine Frage wie die Wörter von einem Tag an
den nächsten weitergegeben werden. Ob sie Kenntnisse oder Erfahrungen vermitteln. Also zurück zu KAFKA: Zum Schreiben
„entschlossener als jemals zuvor." Von Felice Bauer getrennt.
Und seit damals: Ein UNAUFHÖRLICHES ERZÄHLEN DER SINNE,
während alle Dinge ohne Unterlaß in Bewegung waren.
Und im CORSO oder ARCO hockend mit Löwy oder Brod, mit Werfel oder
Kisch. Ein Nachwachsen der Gehirne.. Die Tage kopfunter, sobald sie

IN WORTE GEKLEIDET, ABGESPALTEN DAS AUSSEN. KOPFUNTER.
Schreiben als umfassende Selbstbefragung, nicht anders als heute.
Nachschauen, was so geschieht in der nomadischen Beweglichkeit
der Wörter-Elite. Eine Art Crash-Kurs, bis du lernst wer du bist.
Diesmal also keine Wiedergabe von Erinnerungen, stattdessen
der Freilegen von Absichten: Im HOTEL ATLANTIC zu wohnen,
neben der Versicherungsanstalt von KAFKA. Ein Aushilfsbeamter, Vizesekretär
und Obersekretär, zuständig für das Königreich Böhmen.
Ein Mann ohne Bodenhaftung. Stattdessen eine Wünschelrute
in beiden Händen, mit der er nach dem verschwundenen PRAG suchte.

PRAG: ZLATA ULICKA 22

Wieder ein Selbstmodell. Wieder ein Wahrnehmen, Denken und Fühlen.
Ein Schreib-Membran, das rund um die Uhr unterwegs ist.
PRAG in weite Ferne gerückt. Und trotzdem: Bis zur Unkenntlichkeit
bebildert, als ob ich schon dort wäre. Vereinzelte Bestandteile.
Das Gedicht als Geschichten-Gewebe. Als Nachrichtenfieber.
Mitteilenswerte Sekundenblicke, die den Grenzwert des Sprachlichen
längst überschritten haben. Augenblicke davor und danach.
Dazwischen der private Erzählstoff, der dem öffentlichen Interesse
schutzlos ausgeliefert wird. Deshalb lieber die Fakten, bevor
meine Nervenzellen sie wieder vergessen: BERLIN am 50. Jahrestag
der Luftbrücke, an dem die viermotorigen Flugzeuge vom Typ
DOUGLAS C-45 im Tiefflug Berlin überfliegen. Und weiter?
Buschbrände in Florida. Randalierende Hooligans in Paris.
Kämpfe im KOSOVO. Ausschreitungen in Belfast. Spannungen in Nigeria. Schließlich der Krieg in KIVU, den keiner sehen will.
Das schönste Bild: Clinton mit seiner Frau Hillary und Tochter Chelsea
zwischen den chinesischen Ton-Soldaten in XIAN. Vorbei.
Das Gedicht ein Geschichten-Gewebe. Ein Nachrichtenfieber. Stillgelegte Zeit, aus der ich die Welt beobachte. Sekundenblicke, die ich
zu konservieren versuche. Fallende Körper. Die Häuser ferner Städte.
PRAG, in dem ich es simuliere: KAFKA, der im kleinen Haus
seiner Schwester Ottla arbeitet. „Der schöne Weg hinauf, die Stille dort..."
Und „aus der Wohnungstür geradezu in den Schnee der stillen
Gasse" tretend. Der die Freiheit der gefangenen Gedanken ermöglichte.
Und kurz danach: Wie er seine Krankheit anlockte und diese fast
mit Erleichterung registrierte. SEINE BLUTWUNDE! Die Lungenwunde
als Strafe und Sinnbild deutete. SEINE BEFREIUNGSWUNDE!
Der Einzelne als Emigrant und nomadischer Weltbürger.
Oder geradeheraus gesagt, sein verstümmelter Körper schärfte seine
Aufmerksamkeit, bis das Feuer an sich selbst erstickte.
Scheitern ist das Zerstieben selbstgesetzter Ziele. Hautnah erlebt.
Erkennen müssen, daß eine erhöhte Erregbarkeit der Nervenzellen

mit herkömmlichen Mitteln nicht anders zu erreichen ist.
BERLIN, am 11. Juli: Ein Samstag der LOVE PARADE. Spannungen
in Nigeria. Zusammenstöße im KOSOVO. Unruhen in Belfast.
Ereignisse, denen du nicht ausweichen kannst. Oder?
Ein Lyriker, der solche Ereignisse ausklammert und stattdessen
die unzulängliche Durchblutung von KAFKAS Lunge beschreibt,
verhungert in seinem Wortgewölbe. Was ist noch zu entdecken?
Junge Gehirne. Gefiederte Dinosaurier, die man in China fand.

SCHLOSS TEUPITZ

Was wird übrigbleiben? Die Stunden vor LENTZ. Die Stadt als Text.
Das besprühte TACHELES, die beschrifteten Wände rund um
RONCALLI. Der ZWIEBELFISCH. Alles Dinge, die schnell vorübergehen.
Ein Berliner Aufenthalt, durchbrochen von Reisen.
Eine davon, die ich versäumte: Nach WEDELSBERG oder nach
RÖDELSBERG, in deren Nähe das Haus von BOTHO STRAUSS steht.
Das Haus als Warte. Als Befestigung einer Aussicht.
„Ein komfortabler Hochsitz mit freien Blick zurück...", wie er
schreibt. Am Feldweg die schäumenden Schlehen.
Nichts frei Erdichtetes, sondern real wie die Findlinge, die Raps-
und Holunderblüten. Alles tauglich für ein Gedicht. Doch die
Wörter sind augenscheinlich am allerwenigsten wichtig.
Eher das was die Sinne sehen, hören oder ertasten, was dem
Denken zugeordnet wird, BEVOR es die Hirnreale der Sprache erreicht.
Da ist z.B. BRANITZ, die Pyramide des Fürst Pückler.
TEUPITZ, das Dorf, das Fontane so liebte, schließlich das Schloß.
Die lineare Zeit ohne räumliche Distanz. Alles probeweise.
„WENN EIN ORT ZUR BLEIBE WIRD, WIE WANDELLOS ERSCHEINT
DIE ZUKUNFT" klagt STRAUSS in seinem Buch. Ein Haus,
an dessen grauen Sockel reglos die Schnecke haftet.
BERLIN im Juli: BERLIN, die Hauptstadt der Untergänge.
Die Hysterie als Suggestion. Einfach wegerzählt bis auf
die Knoten im Kopf. Bis auf die hochgradige Augenlust.
BERLIN ist eine Zeit der Zusammenfügungen: Und immer ist es
die Suggestion von etwas Unfertigen, Provisorischen. Was wird übrigbleiben?
Das Schreiben an diesem Tisch. Die Termine meiner Ärzte. Die Schmerzen.
Der Zwiebelfisch. Und vor allem die Liebe zu dir. Alles, was schnell
vorübergeht. Alles ist Gedicht. Auch dieses Zögern, bevor die Hirnstromkurve
unkontrolliert ins Unendliche läuft. Dieses Zögern, bevor sich dein
Stimmungsbild im Sprachfluß deiner Wörter widerspiegelt.
Heimat ist erinnern und wahrnehmen. Das sind Blickfragmente
und Sprachfragmente. Dieses sinnhafte, wetterleuchtende Glitzern von

Bruchstücken.Und deshalb ist jedes Gedicht ein Blick aus dem offenen
Fenster. „Glück – auch wenn es mich nicht mehr zum Strahlen bringt",
schreibt BOTHO STRAUSS. Wedelsberg oder Rödelsberg.
„Der Schwan, ein schlechter Flieger, zieht übers Haus."
Über diese Warte. Über diesen befestigten komfortablen Hochsitz,
den ich versäumte. Vergessen die Schlehenblüte und Teupitz.

PRAG: STAROMESKE NAMESTI

Was zurückbleibt, ist die präzise Flüchtigkeit der ersten Eindrücke: Die gemähten Weizenfelder, die Sonnenblumen- und Maisfelder. Kiefern und Birken. EINE AUGENREISE DER ELBE ENTLANG. Und dies alles am gleichen Tag: Die umherschweifenden Füße. Handgreifliches und Bodenständiges neben dem Metaphysischen. Die Augen öffnen und schließen. Und gleich nach der Ankunft der Weg zur Karlsbrücke. Ein Funke reicht, und du gehst über das Schlackenfeld der Thebaner. Ein Mega-Symbol, das du betreten kannst. Erobert von den Neo-Schamanen mit ihren farbigen Rucksäcken. Begeisterte Körper, die im KYBERNETISCHEN RAUM leben. Und weiter zum ALTSTÄDTER RING, dem STAROMESKE NAMESTI. Eine trancehafte Reise der Füße zwischen den Sandsteinfassaden. „EIN KURZES STOLPERN ÜBER EINEN OVALEN STEIN." Ich weiß nicht, ob er im Garten starb, allein bei einer Königskerze. „Da lag er bis zum Dunkelwerden, bis die Bienen verstummten." Zurück bleibt eine Frau in Schwarz, in ihrer Tragetasche das Mittagessen für zwei: „DA LIEGT ER AM WEG." Die Mund-zu-Mund-Beatmung wurde vergeblich versucht. MIROSLAV HOLUB, der 74jährige Poet, dessen Gedichte nach Formaldehyd rochen, schreiben die Zeitungen. Verräumlichte Worte im Natriumlicht. „Den Smog der Stille" atmend, wie jetzt. Verstorben am Montag, den 13. Juli. Und hier liegt er: Ein „absoluter Dichter, unsegmentiert, fühlerlos und achtfüßig", als wollte er dem Käfer von Kafka gleichen. „Einzig von oben... das planetarische Wiegenlied, kaum vernehmlich bei dieser Eile." Kaum zu begreifen inmitten der Touristenströme, die innerhalb der Artefakte leben. Unterwegs zum ALTSTÄDTERRING, zur astronomischen Uhr, die zwölf Aposteln zu sehen. Ein zertrampelter Platz. Und statt eines Triumphbogens der querverlaufende Meridian aus Bronze. Und noch ehe der Hahn kräht, noch ehe der letzte Apostel aus dem Fenster der Uhr blickte, war HOLUB der Dichter, schon wieder vergessen worden.

Zwei Gemeinsamkeiten muß ich notieren: Daß er den gleichen
Vornamen hatte wie ich in meinen Kinderjahren: MIROSLAV. Und
daß er vom „Ursprung der Dinge" und ich vom „Stand der Dinge" schrieb.
Sieben Jahre älter als ich, der noch lebt. Der die Augen öffnet und schließt.
Als letztes: In der Ferne „die schizophrene Amsel" von HOLUB,
kaum daß sie zu hören ist. Ein Gesang ohne viel Aufhebens.
In Schüben ausgestoßen, bis weit nach Mitternacht.
Zu Ehren von HOLUB, Dr. Poetus, der die kardiologischen Gedichte schrieb.

PRAG: VÁDAVSKÉ NAMESTI 25

Die Zukunft ist jetzt. Hier vor Ort. HIER, wo sich die passenden Teilstücke
des Gedichts wie von selbst aneinanderfügen. Aber eine fortgesetzte
Chronik ergibt sich nicht von selbst. Nicht ohne eigene
Willensanstrengung. Nicht ohne Abarbeit des Gesehenen oder
des Empfundenen, des Aufbewahrten oder des Verschwundenen.
PRAG und der Wenzelsplatz. Wir gehen aufwärts und abwärts,
es genügt ein interesseloses Interesse, ein stilles Beobachten,
ein Sich-Enthalten, ein Entgegennehmen, was mir entge-
genkommt und schon ist es JETZT. Besonders zu oberst, in der
Nähe des HERZOG WENZEL, wo ich ein kleines Birkenkreuz entdecke,
das den Opfern des Kommunismus und vor allem JAN PALACH
gewidmet ist, der sich in der Nähe des Denkmals verbrannte.
Erinnern. Vergessen. Wie schnell das geht. Und sobald du
die ersten Sätze notierst, wird es eine jener EINMISCHUNGEN, die wir
als Gedicht bezeichnen. Aber ohne Sehenswürdigkeiten, ohne orts-
spezifische Wesentsmerkmale geht es nicht. Hier also PALACH,
während auf beiden Seiten des Boulevards die Weltbürgerschaft
achtlos vorbeiflaniert: PALACH ist ein Ereignis, das unser
Spaltungswesen schon längst verdrängt hat. Denn die Zukunft
ist JETZT. HIER vor Ort. Im Speisesaal des Hotel Europa sitzend,
dem ehemaligen GRANDHOTEL SROUBEK, dem ehemaligen
„Erzherzog Stepán". Semmelknödel und Radegast.
Zuvor noch den alten jüdischen Friedhof betrachtet: Eine Sehens-
würdigkeit, die du niemals vergessen wirst. Das gleiche gilt
für die PINKAS SYNAGOGE, deren Wände mit den Namen der Opfer
beschriftet sind. Touristenästhetik, die für viele Jahre reicht.
Der Kapitalismus setzt auf Sieg. Setzt auf die Zukunft des Jetzt.
Und deshalb „der letzte Versuch zur Ordnung, wenn einem
die Unordnung bis zum Halt steht", schrieb Holub. Gemeint
ist das Gedicht. Oder „Das Syndrom des Wenzelplatzes."
Hier aufwärts und abwärts flanieren. Das Pilsner-Urquell trinken.
Die Ordnung stellt sich von selber her, zur Not auch ohne Willens-

anstrengung: Sich schreibend verändern, wenn alles vorbei ist.
Was zählt, ist nicht das Abbild, sondern die Erzeugung von Welt.
Hier vor Ort. Aber ohne Worte wäre das alles eine vergebliche Suche
nach der verlorenen Zeit. Nach dem verlorenen JETZT. Ein Dichter
will das Positive und nicht die Edelwelt des Jugendstils allein.
Und so muß ich die Bilder schnell in Worte fassen, bevor ich
das Traumhaft-Traumatische dieses Wenzelplatzes wieder aus den
Augen verliere: Hier bei LAVKA sitzend, einer schmalen Halbinsel
neben der Brücke, hier kannst du die Moldau besingen.

PRAG: ZIDOSKÉ HRBITOVY

Sich freischreiben. Sich den Worten anvertrauen, gleicht
der Wiedervereinigung einzelner Körper-Teile.
Die Frage ist, woran ich mich erinnern kann. Zurückgekehrt von
einer Reise, die nur wenige Tage dauerte. Was ist erzählenswert?
Der Weg zum HRADSCHIN auf der Kleinseite: Eine der Anlaufstellen
für das alte Milieu. Der Veits-Dom und die Basilika. Am Ende
die ALCHIMISTENGASSE 22. Lebensfelder, die von Touristenströmen
längst enteignet wurden. KAFKA als Empfindungsüberdruß.
Aus meinem Mutterland in das Vaterland kommend, hör ich
die unverständliche Sprache meines Vaters. Feindliche Väter,
die uns ängstigten, beraubten und schließlich vertrieben.
Vergeblich suchst du das Fenster, hinter dem der Dichter VACLAV
HAVEL sitzt: Der Hradschin als Maori-Hütte des Welterlebens?
Gedanken denkend wie Luftspiegelungen. Von oben gesehen
die Dächer eine Art Schnittmuster: 90 Kirchen, 35 Klöster
und 70 Adelspaläste. Das Charisma von Zeit. Jeder Giebel eine
Passage zum Unendlichen. Die Glocken wie Opium fürs Ohr.
Sich also freimachen von solchen Bildern. Sich dem Gedächt-
nis anzuvertrauen, was ist erzählenswert? Erwähnenswert?
TRZISTE 15: das Schönborn-Palais in dem KAFKA
seinen ersten Blutsturz erlitt. Heute die amerikanische Botschaft
mit der endlosen Schlange der Visum-Bewerber.
Ein paar Erinnerungen, DIE KONJUNKTION DER AUGENBLICKE.
Die gefleckten Schimmel und die kreisenden Ausflugsschiffe.
Schwäne, die den Tretbooten folgten. Die Bethlehemskapelle..
Doch was die Bilder nicht erzählen, sind die Jahre zuvor:
Vom Dorf meines Großvaters, dem Haus meiner Mutter. Und daß
wir durch PRAG mußten, in einem Viehwaggon hockend, vertrieben wurden.
Sich freischreiben? Sich den Worten anvertrauen?
Dann doch lieber die einzelnen Körper-Teile, ein jedes für sich.
Hier mein Herz und dort meine Füße. Das Glück, nicht vereinigt zu sein.
Und wie von fremder Hand geleitet, erkritzelst du dir eine Stadt,

in der FRANZ KAFKA wohnte: Eine List, die Räume schafft.
EINE KONSTRUKTION VON ATMOSPHÄREN. Unterhaltsame
Gegenwart. Arme und Beine, die sich längst vom Rumpf gelöst.
PRAG also, im schönstmöglichen Überfluß. Linear arrangiert.
Als Letztes noch sein Grab: ZIDODOVSKE HRBITOVY.
Ein heller, 7 eckig geschliffener Obelisk, der Sammelplatz der Kafkas.
Von Franz, von Gabriela, Valerie und Otilie. Mutter und Vater.
Sich freigelebt, den Worten anvertraut? Jemand, der seinen
Hausschlüssel zurückließ am Grab, ein anderer ein Bündel
Gedichte und Briefe.

WARSCHAU: ROVIGO

Gestern oder heute. Außerstande im voraus den Ort
zu bestimmen, an dem ein Dichter sterben würde:
Statt ROVIGO war es jetzt Warschau. Und auch dies „ein Meister-
werk der Durchschnittlichkeit, mit geraden Straßen
und unschönen Häusern." Die Sonne bringt es an den Tag.
Unterwegssein heißt für einen Dichter im Zwiespalt
von Chaos und Ordnung zu leben. Vielfach gekreuzigt
und vielfach besiegt. Die Zeiten, die Städte ein dichtgefügtes
Netz aus Straßen und Plätzen. Darin eingewoben
das Archiv ihrer Augen. Das Archiv ihrer Worte.
ZBIGNIEW HERBERT, ein 73 jähriger „Dichter wider Willen",
der sich mit Hilfe von Spinoza und Descartes ein anonymes
Schaffen erträumte. Was er sich wünschte: „Unbeschriebene
Monate, von keiner Notiz getrübt." Was ihm mißlang.
Was nicht heißen soll, daß er seiner Phantasie freien Lauf ließ.
„Unterm zynischen Herz trug ich die Illusion, ich sei ein Apostel
auf Dienstfahrt." In wessen Diensten auch immer, ein durch-
schnittlicher Apostel, der seine Heilsversprechen in kleine Happen
zerlegte. Aber es gab Momente, in denen er ohne fremde Hilfe
DIE WIRKLICHKEITSFALLEN umgehen konnte: ROVIGO
z. B. zwischen Ferrara und Padua gelegen. „Ein besonderer Ort seiner
inneren Geographie, weniger wichtig als Florenz oder Lemberg".
Überall Augen. Überall Wörter als Fortbewegungsmittel.
Um sich seinen Weg zu suchen, entschied er sich jeden Tag aufs neue.
Sich zu Wort zu melden, bedeutet, die Tür seines Hauses zu öffnen.
Alle sagen: Wir sind da. Alle haben ein Ziel vor Augen.
Und so standen (vor zwei Tagen) die Freunde an seinem Sterbebett.
Herr COGITO, der treueste Wladyslaw, Henryk Elzenberg.
Jetzt oder später. Außerstande, im voraus den Zeitpunkt
zu wissen, an dem der Konflikt eskalieren würde.
Worum es HERBERT ging, war DIE VERLÄNGERUNG DES AUGEN-
BLICKS. Die Verlängerung dessen, was er mit den Sinnen erdacht

oder erfahren: Die Liebe als Quellgebiet, als erweiterter Kunstbegriff.
Heute oder morgen. Außerstande, daraus eine grenzüberschreitende,
letztgültige Gedichtform zu konstruieren. Das Reich
des schönen Geistes gibt es nicht. Ortlos, obwohl er soviele Orte beschrieben
hat. Blieben die geglückten Schreibmomente, in denen die unter-
schiedlichsten Bilder aufeinandertrafen und im Netz der Längen und
Breitengrade mühelos miteinander verschmolzen

MOSKAU: HOTEL METROPOL

Bleib unterwegs. Bleib außer Landes. Wenn du wissen willst,
woher die Worte kommen und welchen Weg sie zurücklegten,
mußt du nach Osten reisen. Poeten haben keine Bleibe.
Und einmal unterwegs, erreichst du auch MOSKAU.
Erblickst du die Zwiebeltürme der Basilius-Kathedrale,
den ROTEN PLATZ. Ein Stück runde Welt, die abdreht und wegrutscht.
Bilder wie drehbare, verschiebbare Wände. Das allererste Bild
ein Bild der Weltsekunde: Rechterhand das LENIN-Mausoleum
und linkerhand das Kaufhaus GUM. Bleib auf dem Weg!
Als mein Hotel errichtet wurde, war LEO TOLSTOJ 75 Jahre alt.
Mein Zimmer 474 im 4. Stock. Ein Transfer ästhetischer Absichten.
An den Tischen die ordensgeschmückten Funktionäre,
Kolchosbauern aus Georgien. Die Karaffen mit Wodka gefüllt.
Ortlose Raummenschen mit ihren leuchtenden Zukunftsblicken.
Das Gesicht unter der Maske, wie es glotzt und grinst, während
die Poesie aus dem Leben verschwindet. Die Wörter verenden.
Draußen die vorbeifahrenden TSCHAIKAS mit verschlossenen Fenstern.
Die weißgekleideten Bräute am Grabmal des unbekannten Soldaten.
Im LENIN-Museum der Holztisch des 8 jährigen Lenin,
seine Jacke und Weste. Seine Schnürschuhe und die Schreibmaschine.
Jede Biographie ein Gespinst aus unzähligen Abläufen.
Am Ende Mantel und Jacke, die vom Attentat durchlöchert sind.
Schließlich die Revolverkugel, die vier Jahre lang im Körper steckte,
sein blankpolierter ROLLS-ROYCE, seine dicken Filzstiefel.
Wenn du wissen willst, wo die Heimat der Wörter ist, mußt du
in die ULIZA LWATOLSTOWO 21 gehen, dem braungestrichenen
Holzhaus von TOLSTOJ mit grünem Dach. Darin das Gleiten
und Knirschen der Zeit, bis sie unwiderruflich verloren ist.
Darin ein Kosmos der Gegenstände, der zurückgelassenen Wörter.
Und auch sie die Spuren aristokratischer Privilegien.
Die Zeit in Form von Kachelöfen, Petroleumlampen,
von Samowaren und Obstschalen. Ein schwarzer Flügel, an dem

einmal Rubinstein und Rachmaninow spielten.
 Stillgelegte, abgelegte Zeit, die du mit den Händen berühren kannst.
Die Besucher in großen Filzpantoffeln, wie sie das Fahrrad
und die selbstgefertigten Schuhe von TOLSTOJ betasten.
Die Dinge als Erbsubstanz der Wörter. Existenzbeweise für die Herkunft
der Wörter. Geburtsort und Wohnort seiner geschriebenen Wörter.
Danach geh in die KROPOTKINSKAJA ULIZA 11, ein Tolstoj-Museum,
in dem dich 160.000 Manuskriptseiten und 10.000 Briefe erwarten.
In Glasvitrinen „Krieg und Frieden", die Schlachtpläne von BORODINO,
der Brautkranz seiner Frau. Das Bahnwärterhaus ASTAROVO, in das er
geflüchtet war.

MOSKAU: LUSHNIKI

Die schnellen Schnitte. Und trotzdem bleibt etwas, was sich
von Zeile zu Zeile fortschreibt: Reisen heißt, fremdes Wasser zu trinken.
Langfristig werden die Tage nicht ausreichen, werden die Jahre
die mir noch bleiben zu kurz sein, um mir Gehör zu verschaffen.
Aber kurzfristig reicht mir das Glück, auf Kosten der Zukunft
die Wörter zu vernetzen, punktuell mich selbst zu erfinden.
Also Körperlichkeit schlechthin, Fußsohlenaufbrüche.
Damals September 81 und heute August, siebzehn Jahre später.
Das Entlegendste und das Naheste: Ist es ein JETZT
oder ist es ein DAMALS. Die Bücher zurückzuverfolgen in ihr jeweiliges
Herkunftsland. In das Dickicht ihrer Figuren eindringen.
Handlungsfäden zurückzuverfolgen. WAS WILL ICH DORT?
Durch Bilderschnipsel hindurchschlittern. Aufs Gratewohl
in die Wörterwelt von MAJAKOWSKI eindringen, seine Sätze auf-
dröseln. Strömungskräfte orten. Orte finden nur für mich allein.
Das Kloster LUSHNIKI z.B., die betenden Frauen in wattierten Jacken.
Körbe mit gesammelten Pilzen daneben. Frauen mit Rucksäcken.
Auf dem nahegelegenen Klosterfriedhof die Gräber von GOGOL,
von TSCHECHOW, TOLSTOJ und MAJAKOWSKI. War es so?
Alles ist längst vorbei. HEIMAT ist, wo wir waren. Mit dir allein
der Liebe wegen, der Gedichte wegen. Im Verschnitt trainiert.
Alles danach. Gesichter, Gerüche und Geräusche wiederbelebt.
Das Gedicht ist keine Erwerbsarbeit. Eher eine vom Glück begünstigte
Form nicht zu vergreisen. Nicht zuhause sein zu müssen.
Heute am 6. August zum 53. Jahrestag der Hiroshima-Bombe
„Indes wir hier trödeln, hadern, den Sinn der Welträtsel suchen,
um neue Formen salbadern, brüllen die Dinge und fluchen."
ALSO: HER MIT DEM SCHÖNEN LEBEN! „Genossen, schafft
eine neue Kunst, geignet, die Republik aus dem Unrat
zu heben!" schrieb der 28jährige MAJAKOWSKI im Tagesbefehl Nr. 2
an die Kunstarmee. Und hier steht er am großen Marmorblock
des MAJAKOWSKI-Platzes. Eine hochgewachsene Gestalt aus Bronze,

im Straßenanzug und geöffneter Jacke mit Weste und Krawatte.
Bleibt die Frage, was Poesie ist? Eine Poesie, die das eigene Leben
endgültig vergessen läßt. Will sagen: Zum Leben mutiert.
Umringt von Kolchosbauern aus den kaukasischen Republiken
und den islamischen Republiken Mittelasiens. War es so?
Du trittst auf die Straße und hörst die Trillerpfeifen der Miliz.
Und wie die Dinge brüllen und fluchen. Macht Schluß!
„Keine Reime noch Asien, keine rosa Rosarien, noch sonstigen Ramsch."
Nur das kurzfristige Glück. Die schnellen Schnitte. Vorbei.

MOSKAU: ULIZA KIROWA 3

Die Frage ist, wo du ankommst. Kaum ein Sound, der nicht
in deiner gedächtnislosen Flüchtigkeit wieder vergessen würde.
Das Gedicht wie ein Würfelwurf auf den Erdboden: Im Nu vorbei!
Und trotzdem bleibt ein beträchtlicher Rest, der sich dieser befreienden
Katharsis zu widersetzen beginnt. Der sich nicht eliminieren läßt.
Die Frauen in wattierten Jacken und Filzstiefeln, die mit Rutenbesen
das Pflaster kehren. Vorbeifahrende Tschaikas. Das ehemalige LUX.
LENIN sagte: Wir haben die unterdrückten Massen zum Leben erhoben.
Solche Pulsfrequenzen sind latent vorhanden. Und wer
zweifelt, will wiederholen. Will die Replikanten wachsen lassen.
In weiter Ferne die Menschen, statische, schweigsame Skulpturen,
die unter den Kandelabern der U-Bahn stehen. Die Stationen:
Kathedralen der Werktätigen, ihre Helden aus Bronze.
Alles Bilder, die kaum über das Stadium einer Skizze
hinausgelangen. Bei laufendem Ereignis hingekrizelt
Im Haus von MAJAKOWSKI die Addition seiner Jahresschübe.
Sein Lebenslauf in Vitrinen zur Schau gestellt. Zu Stilleben
sortiert: DIE COLLAGE ALS HOMOGENES IMPERIUM EINES POETEN.
Im fünften Stock ein kleines, unbetretbares Zimmer: Darin ein
hölzener Drehstuhl, Tisch und Lampe. Ein Schrank und ein Sofa.
Das kleine Oberfenster geöffnet wie DAMALS, als man seinen
Pistolenschuß hörte. „Ich bin mit dem Leben quitt... Den Hinter-
bliebenen Glück... Und in der Tischlade – Genosse Regierung –
die 2000 Rubel für meine Steuerschuld." Das war es also: Im Nu vorbei!
An der Garderobe sein schwarzer Wintermantel, Hut und Schuhe.
Und neben mir zahllose Blinde, die mit ihren weißen Stöcken
in die Leere des Zimmers tasteten. Da lebte er also: Genosse Poet,
mit seiner gewaltigen Stimme. Unnütz von Kränkung zu sprechen.
Mach dich auf den Weg und geh davon. Nie war die Bedeu-
tungsproduktion eines Gedichts so unwichtig, so resonanzlos
wie heute, in meiner Gegenwart. Das ist ein Faktum, das zählt.
Die Frage ist, wie du das aushälst. Kaum eine Wortfindung,

die dich von der heranwachsenden Masse nicht weiter entfernt.
Ein Poet ist heute ein Realitätssimulant fürs Repertoire.
Anders MAJAKOWSKI, der das alltägliche Leiden DRAUSSEN
möglichst authentisch darstellte. Ich erinnere mich an seinen
Journalisten-Ausweis, an seinen Füllhalter, an sein Visum für
New York vom 9. August 1925. Ein Reisender, der im Pullmann-Wagen
Ohio und Pennsylvania durchquerte. Ausschau haltend,
wie sich die Arbeitslosen kopfüber von der Brooklyn-Brücke hinab in den
Hudson stürzten.

MOSKAU: WOROSKOWO ULITSA 25

Ein letztes Schauen. Sich dem Klon widersetzen zu Lebzeiten.
Noch einmal die gekürzte Fassung einer längst vergessenen Reise.
Eine Erinnerungsarbeit, die weit genug entfernt vom Heute ist.
Willens, sich selber näher zu kommen. Die Wurzeln
der eigenen Wörter aufzuspüren. Dem Flügelschlag der Sprache folgend.
MAJAKOWSKI heißt, die vorsätzliche Rückkehr zu den historischen
SCHAU-Plätzen, an denen ich zum erstenmal das authentische Umfeld
der Wörter erblickte: Das MOSKAU von Tolstoj und Majakowski,
von Tschechow und Gorki. Manchmal hat es den Anschein,
als ob mir ihre Straßen, Häuser und Gegenstände wichtiger
wären als ihre Erzählungen und Gedichte. Als könnte
ich ohne allzugroße Übertreibung nur von den Dingen berichten.
Aber das Ich ist kein anderer als der, der mit seiner mangelnden
Kunstfertigkeit sich SELBST zu erreichen versucht. Will sagen:
Wie können wir glauben, daß die Sprache der getreue Ausdruck
einer innewohnenden Seele ist? Hier finden wir keine Basis
für den Konsens. Denn FAKTEN MÜSSEN HEUTE ARRANGIERT
WERDEN, oder? Und diejenigen, die sehen was zu sehen ist,
adoptieren die Banalität des Sichtbaren, jeder auf seine Weise.
Eine Täuschung, daß sich die Stadt überblicken ließe!
Daß MAJAKOWSKI, der Bevollmächtigte der sowjetischen
Wortkunst, der poetische Botschafter der Rätemacht, schnell
zu begreifen wäre. Addition und Schnitt lösen die Form auf
und ermöglichen gleichzeitig eine neue. Was dem entgegen setzen?
Und noch immer: DER OKTOBERSIEG ALS HÄMMERNDE
HERZTROMMEL. MAJAKOWSKI ein riesiger Mann mit kräftigen Schultern
und kahlgeschorenem Schädel: „So trete ich stolz auf die
Brooklyn-Brücke, triumphierend-trunken, voll Lebensappetit."
Vor ihm – am selben Tag wie heute – am 14. August (1925)
zweitausend New Yorker. Die ihm zujubelten. Und recht gaben.
Ein letztes Schauen noch. In Bildern schwelgend,
als hätte ich das wahre Leben längst versäumt. Weit genug

vom JAROSLAVER Bahnhof stehend, wo ich (vor 23 Jahren)
BLAISE CENDRARS nach Japan folgte. Was dem entgegensetzen?
Die Historie bewährt sich als Dekor. Als allgemeinverständliche
Attrappe. Aber weshalb ich hier bin, ist die Welt der Unikate:
Hier siehst du den Zellenschlüssel von GORKI, sein Telephon,
seine bestickten Lederstiefel aus Sorrent. Schießlich eine Fotographie,
die den kartenspielenden GORKI mit LENIN in Capri zeigt.
Ein letzter Augenwischer. Poesie in all ihren Einzelheiten.

TÜBINGEN: HÖLDERLINTURM I

Ein neuer Ortswechsel. Einige Sekundenbruchteile genügen,
um Vergangenes aufzumischen. Im Zeitraffer durchzuspielen,
also laß dich fallen, das innere Auge ist ein großes Spielzeug.
BERLIN, DER DEUTSCHE SCHMERZ: Ein auratischer Ort.
Damals, im August 1985 noch ein zweigeteilter Ort mit diesem
antifachistischen Schutzwall. Und wir mit der kunstledernen
Couch einer Arztpraxis unterwegs, die wir quer durch die Stadt
schleppten. Ein Möbelstück als Animateur. Das wir in U-Bahn-
Schächte, Klinikflure und Hochgaragen stellten, in Abrißruinen
und Gleisanlagen plazierten. Das Möbel als Schrein und Skulptur.
Ein autonomer Gegenstand, den wir HÖLDERLIN gewidmet hatten.
Ein Narr, der den Zufall Schicksal nennt. HYPERION, der wußte es.
Und jedes neue Umfeld eine neue temporäre Ausstellung. Die
HÖLDERLINREISE ALS DEUTSCHLANDRÄUME. Geortet, markiert,
als sollte eine Spur gelegt werden, die eine Verlängerung
der eigenen hypnotischen Erlebnisse möglich machte.
BERLIN als Chiffre für den Weltzustand. Und diese Couch als eine
Art Reliquie. Und darauf ein massiver Vierkantstahl befestigt,
der an Stelle des gedemütigten Patienten an HÖLDERLIN
erinnern sollte: „Das Hirn, ein schauderhaft Rätsel. Ein Ding
zum Niederreissen gemacht." HYPERION, wie er atmete und schrie.
Gefangen im Weltenkerker der Ärzte. Die Mauern feindwärts gerichtet.
Und weiter, notfalls ohne zu wissen, wohin die Suche führt.
TÜBINGEN, Mitte Oktober 85. Das Couchobjekt aus den offenen
Hecktüren des kleinen Citroen herausragend, von den VOPOS
argwöhnisch beäugt. Ein neuer Ortswechsel, in Sekunden vollzogen.
Und dort das Möbelstück vor die Tübinger Klinik gestellt, in die
sie HÖLDERLIN 231 Tage gefangen hielten. Mit Belladonna,
Digitalis und Opium behandelten. Schreiend und atmend.
Und vielleicht mit der AUTENRIESCHEN MASKE beruhigten.
Einer Ledermaske mit Augen- und Nasenöffnungen, den Mund
mit einem Polster verschlossen. Und hier lag er: Endgültig

und unvollendet. HÖLDERLIN, wie er stöhnte und stammelte. Geisteszerrüttelt und sprachzerrüttelt. „Meine Insel war mir zu eng geworden." Die unscharfen Bilder, sobald der Krieg in den Köpfen notwendigerweise ganz auf seine Augen reduziert wurde. Auf seine SUIZIDSPRACHE, deren Verästelungen sich im Gehirn noch immer weiter verzweigten, entgrenzten. Das Couchobjekt als Redundanzkörper und Augenfalle, bevor er die nachfolgenden 36 Jahre „geistig umnachtet" im Turm lebte.

TÜBINGEN: HÖLDERLINTURM II

Was hat er falsch gemacht? Und worin liegt der Sinn eines
solchen Lebens? Sechsunddreißig Jahre hintereinander! Sechsunddreißig Durchlässe! Uneinholbar die Zeit, die ihm davonlief.
Das Vergangene eine Collage aus Mauern, Wällen und Zäunen.
Was ist geblieben, daß uns an Vergessenes erinnert? Daß unser
alltägliches Leben vorantreibt oder blockiert? Blockiert, vorbei.
Das Gedicht als Aufenthaltsort: Und darin die Zeitraffersekunden
die sekundenkurzen Blick-Folgen einer konzeptionellen Idee:
Die Couch eines Psychaters, die Hölderlins Sturz in die Schizophrenie
demonstrieren sollte. Ein Möbel, das als Metapher diente.
Und wieder einmal erlebte HÖLDERLIN eine jener schicksalshaften
Wendungen, durch die seine Bilderwelt untermittelt ins Stocken
geriet: „Es schwinden, es fallen die leidenden Menschen blind-
lings von einer Stunde zur anderen. Wie Wasser von Klippe
zu Klippe geworfen." Uneinholbar die Zeit, die davonlief für immer.
Und daß wir im Turm das Couchmöbel in das runde, frisch-
gekälkte „amphitheatralische Zimmer" hoch schleppten.
Und HIER DER UNVOLLENDETE HÖLDERLIN auf dem Möbel liegend.
Und wir die Akteure, die vor der Couch auf unseren Stühlen saßen.
Entscheidend war sein Wille zum Wissen! Waren die schwarzen Löcher
in seinem Ich, jene Lücken im Gedächtnis, die er als natur-
gegebene Einheit verstand. Der Körper als Inszenierung seiner Gesten.
Was sind die Fixpunkte? Was sind die Leerstellen, die Schuttberge
und Trampelpfade in seinem Hirn, sobald er sich zurückerinnerte?
Was wir erlebten, war ein Figurentheater inmitten des Turmes mit
wenigen Worten dramatisiert: „Das Hirn des Menschen,
das Taumeln im Kopf, hier kann es ein Ende finden."
Ein Bild, das funktioniert. Kaum angetippt und schon gewesen.
Was für ein SEINSGEWINN, der ihn an den Rand der Welt trieb?
Und später das Möbel in den Gassen der Tübinger Altstadt.
EIN GEGENSTAND, DER DEM MENSCHEN ENTGEGEN STEHT.
Die Couch ein Monster für die Passanten. Ein Schrecken der Psychiatrie.

Und am schrecklichsten, wie sie zwischen den Schafen der schwä-
bischen Alb stand. Doch am allerschrecklichsten, die Couch
in den Rieselfeldern von GATOW : Ein Ersticken im Schnee,
ein Ersticken im Schweigen. Ein Minutenrausch, vorbei:
„Wie Eis zerschmolz, was ich gelernt, was ich getan im Leben..."
„Oh Ihr Lieben, die ihr ferne seid... " Vorbei: Vorangetrieben und blockiert.
Doch was hat er falsch gemacht? Ich weiß es nicht. Vorbei.

BERN: LUISENSTRASSE 14

Weiter. Nur selten eine vergleichsweise statische Phase.
Weiter nach Süden! Auge plus Gedächtnis, als hätten beide
nur auf die schreibende Hand gewartet. Und kaum beginne
ich mit den ersten Zeilen, schon treibt die Reise auf ihr Ende zu.
Zwei, drei Züge bestiegen und schon erblickst du das weiße Kreuz
auf rotem Feld. Draußen der Weltraum. Die Ecken der Zeit.
Alles ist nah. Das Kleine und Große ist hier kleiner und größer als
anderswo. Sich abbremsen. Sich Zeit lassen. Was ist schon
spannender im Leben, als der Betrachtungstrieb. Dieses bedenkenlose, schamlose Hinschauen. Über alle Erdteile verteilt.
In Zürich wechselte ROBERT WALSER mindestens siebzehnmal
seine Wohnung: Eine davon war in der FROSCHAUGASSE 18.
Hier erlebte er sein ICH ALS EINEN FORTLAUFENDEN ANFANG.
Nicht mehr das Ganze denken, nur Details, Partikel, Polaroids.
Alles Momentaufnahmen. Vernetztes Wissen. Genetische Wurzeln.
Was ihn auszeichnete? Dieser herrliche Wille zur Nichtigkeit.
Unmöglich, die Ereignisse von damals in gebührender Reihenfolge mitzuteilen. Orte, Daten und Personen zu benennen.
In BERN wechselte ROBERT WALSER mindestens fünfzehnmal
seine Wohnung: Eine darunter war in der LUISENSTRASSE 14.
IM WAHRSTEN SINNE DES WORTES eine Überlebensnische.
Was zählte, war sein FORMWILLE. Ein Leben lang schreiben und sich
erinnern. Sich in winzigen Worten erinnern. Der inneren Welt verpflichtet.
Und daran Gefallen finden: An der verborgenen Rückseite der sichtbaren Welt. Die Wörter erden. Die Sensoren aufladen. Ein Horchender
und Dienender. Und damit ist BERLIN gemeint, wo WALSER
zeitweilig eine Dienerschule besuchte: Wer schreibt, der bleibt.
Der kann im entscheidenden Moment seinen Atem anhalten
und sich erinnern. Kultur ist, wenn nichts vergessen wird.
Was dann folgte, waren DIE VERWAHRUNGSJAHRE in WALDAU
und HERISAU (1929 bis 1956), wo er nachmittags in der Gärtnerei arbeitete
und gelegentlich Billard oder Schach spielte. Eine Tätigkeit,

die die Gestaltung der immateriellen Wörter weit übertraf.
Manchmal sprach er mit ADOLF WÖFFLI, der seine Blätter zeichnete.
„Mitunter lag ich auf dem Bett ausgestreckt wie ein Kranker."
Manchmal das Trauma eines deformierten Körpers, vereinzelte
Gliedmaßen, die ihm davoneilten und nicht mehr wiederkehrten.
Ja, ich war dort, 1982 oder 83, nahm mir einStück seines Schubkarrens mit.
Einstmals galt er als Strahlender. Aber „heute halte ich mich
für einen geschmeidigen Unbeugsamen" schrieb ROBERT WALSER.
Aber dann lag er erstarrt und erfroren zur Weihnachtszeit im Schnee.
Und ja, ich kann mich erinnern: Wir gingen die Wegstrecke nach,
suchten die Delle, Jörg Ammann und ich. Nur weiter nach Süden.

VENEDIG: CALLE QUERINI 252

Etwas wird sichtbar gemacht, was längst geschehen ist.
Kleinste Momente. Ausschnitte, die das Gedächtnis auswählt,
zusammensetzt, ergänzt oder zerstört. Sich erinnern, ist eine
abgekapselte Kunst, die sich außerhalb des eigenen Blick-
feldes ereignet. Und auch diesmal: Die Rettung in eine Reise.
In biographische Einzelheiten, die weit zurückliegen: Venedig z.B.
Und alles was dort geschieht, geschieht aus der Absicht, EINEN
MENSCHEN DARZUSTELLEN, den es einmal gegeben hat.
Den greisen EZRA POUND noch einmal aufleben zu lassen, nachzuahmen
wie er wirklich war. Der Spur seines leibhaftigen Lebens nachzufolgen.
POUND, das bist DU mit Hut und Mantel, mit weißen Hosen
und schwarzen Schnürschuhen, dein kantiger Schädel, dein bärtiges
Kinn. DU mit seiner gebückten Körperhaltung, seinem
tastenden Schritt, seinen Gebärden und Gesten. Alles wird POUND.
VENEDIG ist eine Erinnerungsarbeit, die mit den Ohren beginnt:
Zu hören sind die Signale der Boote, das Aneinanderschlagen der Gondeln.
Geräusche von herannahenden und sich wieder entfernenden Schritten.
Die schwappende Flut, das schmatzende Wasser: DAS ABSINKEN
DES BODENS IN MILLIMETERN GEMESSEN, wie Heute noch.
Und dies alles rückwärtsgelesen in meinen Erinnerungen.
VENEDIG, in Erwartung des Schneefalls. Januar oder Februar 1982.
Die Flocken sollten herabschweben, die Häuser und Plätze bedecken.
Und DIE ÄHNLICHKEIT STEIGERND bis zur Überblendung des Vorbildes.
DU mit Hut und Mantel, wie DU vor der PIZZARIA ZATTERE sitzt,
vor dir das geordnete Schachspiel, der Weißwein, der Stock mit dem
Silberknauf. POUND in greifbarer Körperlichkeit! Unter den Füßen das
abschüssige Pflaster. POUND, wie er vor der SANTA MARIA DELLA SAL-
UTE liegt, der Sturz auf das Pflaster neben den Wasser
und hingeworfen Odysseus, aufgebrochen um ITHAKA zu finden. POUND in
der CALLE QUERINI 252 mit hochgeschlagenem Mantelkragen. Über dem
Briefkasten seiner Haustür ein kleiner Löwenkopf.
Die Stadt als Simultanbühne. Jedes Bild ein Artefakt der zurückliegenden Zeit.

Die Menschen hysterische Existenzen, Nervenbündel, ein dichtes
Getümmel, Schreie und Flüstern wie eine autistische Kindermenge.
POUND vor ZICI, das Schachbrett unter dem Arm. Ginsberg erwartend.
POUND, wie er aufrecht in der lackierten Gondel steht, das Antlitz
unter seinem Hut verborgen. Ein Monument, allein mit sich selbst.
Ein letzter vergeblicher Halt. Bilder, die weder beweisbar, noch
belegbar sind. Und deshalb mein fortdauerndes Zögern zwischen
DAMALS und HEUTE. Hier auf der Terrasse von LA CAPELLE sitzend.
Alles ist sichtbar. Vor allem: Alles ist hörbar, die Boote, die Schritte wie in
einem rückwärts laufenden Film. Sich erinnern heißt zerrissen werden.

VENEDIG: SAN MICHELE

Hiersein ohne jeden Umweg. Die Zeit bedenken. Aufatmen.
Das Buch als Erinnerungsprojekt für eine kontinuierliche Fortbewegung, die retrospektiv angelegt ist. Der Mensch ist ein Ort, der
unterwegs ist. Süchtig nach der genetischen Droge der Zeit.
VENEDIG, am CAMPO SANTI GIOVANNI E PAOLO, ein Platz mit
einfachen Häusern und einer Dominikanerkirche. Der Steinboden
unverändert schwankend. Und unterirdisch ein Wirbel weißer
Pigmente, das Plankton wie Gallert über dem Marmor.
Linkerhand das Krankenhaus, aus dessen Zimmern er über den Kanal
blicken konnte: „UND NUN BESINGE ICH DIE SONNE. SINGEN WILL
ICH VON WEISSEN VÖGELN." POUND und sein rauhes Gebell, fast ein
Gesang. Und schwappend und gurgelnd das zurückströmende Wasser
neben den Toten. Und DU zwischen den Holzpfählen stehend.
Das Gesicht eine Maske: DEIN EIGENTUM FÜR WENIGE TAGE GELIE-
HEN. Die Körpersprache als ein System von Zitaten, das Leben abbildend,
wie das Seine. Die Stadt als Werkstatt. Dieser wilde, zarte Moment
im Wechsel der reißenden Schwerkraft: POUND im Scheinwerferlicht
zwischen den Gondeln stehend. Ein letztes Polaroid, das erhalten blieb.
Hiersein oder dortsein, der Umwege sind zuviele, dergleichen die Zeiten.
Und daß DU einen Schal trägst, wie ihn POUND trug am Schluß.
Und KONFUZIUS in den Händen, womit wir zur SAN MICHELE
fahren: DAS INFERNO DES STERBENS IN DER IDYLLE EINER
INSEL VERSTECKT. An der Vaporetto-Station ein Sargwagen
auf Gummireifen. Das Grab von POUND ein efeuüberwachsener Hügel.
An der Stirnseite ein flacher Marmorstein mit seinem Namen.
ODYSSEUS MEIN FAMILIENNAME – hier liegt er begraben.
Was dann geschah, war die Rückgabe seiner Wörter, seiner PISANER CAN-
TOS, die wir ihm vor sein Grab legten: DU im Rollenspiel des Nachvollzugs.
Die 50 Seiten seines KONFUZIUS-Buches ergeben einen Teppich aus Wörtern.
Aber am aufregendsten die Rückgabe seiner Kleidungsstücke:
Seinen Mantel und Schal, seine schwarzen Schnürschuhe und seinen
Hut, seinen blauen Anzug und den Stock mit dem Silberknauf.

VENEDIG im Winter. POUND als Silhouette einer Metapher.
DU als ODYSSEUS und POUND. Eine Doppelgänger-Idee, die sich
in der mediterranen Atmosphäre der Stadt wieder verflüchtigte.
VENEDIG, das war einmal: Aussenansicht und Innenansicht zugleich.
DU, wie du nachträglich erschöpft auf dem Bett des Hotels liegst.
Neben dir auf dem Nachttisch das Schachbrett, die abgelegte Brille.
Am Fußende des Bettes die auf das Leintuch gestellten Schnürschuhe
des Opfers. Ein letztes Polaroid, das mich an EZRA POUND erinnert.

PISA: CAMP DARBY

Hier, in diesem Tag sein. LA CAPELLE, Anfang September.
Die Nationen wollten Ballast abwerfen. Wollten etwas loswerden und
abstreifen, was wir seinerzeit ODYSSES nannten. Und immer
sehe ich die gleiche Trümmerwüste der abgeernteten Sonnenblumen,
ihre geschwärzten Köpfe entfernt, die leeren Strünke zerborsten.
Und diese Verwüstung ist ein Bild, das mich an POUND erinnert.
Von VENEDIG nach PADUA. Und von FLORENZ nach PISA unterwegs.
Reisen bringt das Gedächtnis in Schwung. Und jetzt will ich
mein Leben vereinfachen, will etwas loswerden und abstreifen, bis
die Rückwärtsbetrachtung die untersten Bilder erreicht:
EINE EIDECHSE STAND IHM BEI, EIN KNALLGRÜNER HEUSCHRECK.
Und immer die Frage, warum er fehlging, da sein Sinn nach Richtigkeit
stand. Die Landschaft als Bühne und der Ort als Schauplatz eines
Nachvollzugs, den wir seinerzeit als Performance bezeichneten.
Und eines der wenigen Erinnerungsbilder ist dieses abgeerntete,
verwüstete Sonnenblumenfeld, die Strünke zerbrochen, zersplittert
als hätte ein Krieg getobt. Für uns eine Zone der Gewalttätigkeit,
in der wir uns das Straflager des sechzigjährigen POUND vorstellten:
DU als POUND und POUND als ODYSSEUS. Ein Niemand und Ausgestoßener. Der verfemte, gescheiterte, vereinzelte ODYSSEUS, den
die amerikanische Armee für mehrere Wochen in einen eisernen
Käfig sperrte: „Mussolini gekentert in einer Abirrung."
DU, der doppelgesichtige POUND, der sich für den homerischen ODYSSEUS
hielt. In Mantel und Hut, einen Schal um den Hals, in dunkelblauem
Anzug und schwarzen Schnürschuhen. ODYSSEUS, der Dichter,
der sich aufs Meer hinausgewagt hatte und seine Ungewißheit besang.
„ABER ICH WERDE AUS ALL DEM HERVORGEHEN UND NIEMANDEN KENNEN, UND NIEMAND MICH." Und dessen Floß dann zerschellte.
Und wie DU im Scheinwerferlicht auf dem verwüsteten Feld lagst.
Ein zusammengekrümmter Körper, der im Chaos der beleuchteten Strünke hockte: POUND, im Drillichanzug der Armee.
Eine planetarische Zone, in der DU dich mit beiden Händen

an die leuchtenden Strünke geklammert hattest. Einer, der ausgezogen war, das Paradies zu entdecken und der Schiffbruch erlitt. Der das Paradies am Ende nur als poetische Halluzination erlebte. Und noch immer: „Krebsfraß an allen Dingen..." wie POUND es beschrieb. Die „Lustseuche an Stadt, an allen Königreichen", unverändert als letztes Bild: DU, mit Koffer, Hut und Mantel im Skelett des zerstörten Feldes stehend. HIER, in diesem Tag stehend. Ein vergessener ODYSSEUS, Ballast, den sie loswerden wollten. Und den Amerika in eine staatliche Irrenanstalt sperrte. Singend bis heute.

RAPALLO: HOTEL GRAN ITALIA

Nie den Blick abwenden! Auch wenn der Vorrat an Worten
verbraucht ist: Der Erinnerung ein Gefäß geben, eine Form, damit
dieser tausendfach zersplitterte Blick wieder ein Ganzes wird!
Also noch einmal POUND. Ein Rebell, der die Anonymität
der Gefangenschaft erlebte. Der im Kälteschatten des Krieges schrieb.
ODYSSEUS, ein verurteilter Sträfling, der als geistesgestört
wieder entlassen wurde. Eine Ikone, die mit Wunden bedeckt.
Das Feuer erloschen. Ein Schmerz, den wir als Performance bezeichneten.
In seinem Koffer die letzten Habseligkeiten der zurückliegenden Lebensjahre, von denen er allein 52 für seine CANTOS
verwendete (die am Ende nur 803 Buchseiten umfaßten).
Und noch immer: „Die unberatene Jugend erdrückt von Zeugnissen."
DU in deiner Doppelrolle. Hier in RAPALLO, HOTEL ITALIA..
POUND, der gealterte Rebell als Überlebensfigur. Als Darstel-
lungsmodell. Auge in Auge mit dem, dessen Rolle er über-
nommen hatte. Das Hotel eine Werkstatt. Ein inszenierter Raum.
DU als ODYSSEUS mit Hut und Mantel, im roten Sessel
des Zimmers sitzend. Der Blick auf die Bucht, auf die hereinströ-
mende Flut und dahinter die Finsternis des Meeres. Ein heim-
gekehrter, zurückgekehrter ODYSSEUS (nach 12 1/2 Jahren Haft).
Am nächsten Tag die Fahrt in das nahegelegene SAN AMBROGIO.
Der Blick über die Olivengärten hinweg auf RAPALLO. Ein Paradies,
nach dem er immer gesucht hatte: Der Duft nach Minze z.B.
„EIN WEISSER OCHSE AUF DER STRASSE NACH PISA." Ein Bild,
das er behalten hatte. DU, wie du mit Hut und Mantel auf dem
Marmorstein von POUND sitzt: Ein Heimgekehrter, der wartet und schweigt.
Sein Rücken gekrümmt, die Füße weit auseinander, in den
Händen den Stock, der Bart ergraut, auf der Nickelbrille die Sonnenblende.
DER GREISE POUND ALS ZUSTANDSFOTO. Der Schmerz als Stilübung.
Und wie der gealterte POUND die Steintreppe seines Gartens empor-
geht. In gebückter Haltung vor seiner Haustür steht.
Von der Maske ermüdet, von der Attrappe erschöpft, ein skizzenhafter

Moment, der schnell vorübergeht. Das POLAROID-Bild verwackelt, verwischt. Und wie DU plötzlich deine Hände vor dein Gesicht preßt und zu schreien beginnst. POUND, der mit allerletzter Kraft seinen Schmerz überwindet: EIN SCHREI, DER DURCH DEN KÖRPER WÄCHST. VON INNEN NACH AUSSEN SCHREIT. Die schnellen Polaroids als Zeitsprünge und Assoziationsschübe. Die Augen, das Kinn und der geöffnete Mund in vervielfachter übereinanderliegender Unschärfe.
POUND als Animation. Als blow-up-Verfahren einer konzeptionellen Idee.

ROM: LARGO DI VILLA MASSIMO

Reisen heißt, anfangen, aufbrechen, sich auf den Weg machen,
sich vorsätzlich ausklinken und wieder einklinken.
Heißt, die Anverwandlung des Fremden ins Eigene.
Der Reisende EUGENIO MONTALE blickt durch das Fenster des fahrenden Zuges: Nach Süden! Nach Süden! Die Welt ist beweglich.
Als MONTALE Florenz erreicht, ist es vier Uhr nachts.
Ein Lichterkranz vor Einbruch des Morgens. MONTALE, die Nahaufnahme eines Mythos. So sah ich ihn sitzen, ein Greis, der schläft.
Reisen heißt, auf der Suche sein, heißt, sich einen Anfang zu setzen.
Doch die Welt ist beweglich und darin Dunkelheiten mit unbekannten Lichtquellen. In ROM das Geschrei und Gelächter
der Wartenden und Ankommenden. Die Zeit aber läuft.
Und das alles gibt es noch: ROM als Flammenzeichen seiner Geräusche.
„Was man von mir erfuhr, war nur der Firnis, die blasse Spur
menschlicher Wirrnis." „SPÄTER, BEIM FORTGEHEN, WIRST DU
DICH WIEDER MIT EINEM GESICHT BEKLEIDEN." Das sind
Zitate, die ich mir merken konnte von ihm. MONTALE, eine Ikone,
die ich auf einer Vernissage erblickte. Neben sich seine Freunde.
Danach die PIAZZA NAVONA. Caffe Greco oder Cafe Rosati.
Hier saßen nicht nur Goethe und Baudelaire, sondern auch PASOLINI und
MORAVIA. Allesamt Vernetzer. Alles Weltbürger der sprachlichen
Choreographie. Überlebensgroße Figuren, die hier gelegentlich
aßen und tranken oder Gedichte schrieben. Auch die weniger großen
Geistesarbeiter der MASSIMO der 60er und 70er Jahre wie BRINKMANN,
PIWITT oder CHOTJEWITZ. Kraftvolle Feindschaften oder Partnerschaften.
ROM war für uns die Kapitolinische Wölfin: CAMPO DE FIORI,
TRASTEVERE, FELTRINELLI! Einverleibungsversuche, die scheiterten.
Und zwischen all diesen Bruchstücken manchmal MONTALE,
damals ein 72 oder 73 jähriger Greis, der DIE GLORIE DES MITTAGS
besang. Ein Dichter, der die Eidechse liebte, das Meer und die Olivenhaine.
Aber ich muß auf der Hut sein vor Rückblenden, vor jeder
verschachtelten Zeit. IRGENDETWAS IST LÄNGST VERLOREN GE-

GANGEN. Da sind Erinnerungslücken, farblose Flecken.
Dunkelkammern, in denen die Jahre getilgt wurden.
Und manchmal in der VIA BOCCA DI LEONE 60, der Blick
nach oben zur grünen Terrasse, wo INGEBORG BACHMANN wohnte:
In ihrem „erstgeborenen Land, im Süden sprang die Viper mich an
und das Grausen im Licht." Und manchmal sahen wir sie,
wie sie mit UNGARETTI oder SALVATORE QUASIMODO plauderte.
Der Reisende ist ein Suchender. Und die Reise ein Terrain der
Vorläufigkeit. Ein JETZT zwischen den Zeiten, zwischen den Fremden.

TAORMINA-VULCANO

Immer wieder diese flimmernde Einebnung von Ereignissen.
Die Beschleunigung des Vergessens: Das Alter nur ein blinder Fleck.
SALVATORE QUASIMODO, geboren am 20. August 1901 in MODICA,
in der sizilianischen Provinz RAGUSA. Sohn eines Eisenbahners.
Zu meiner Zeit in ROM etwa 68 Jahre alt. So alt wie ich heute bin.
Addierte Zeitschichten, die zwischen Verlangsamung
und Beschleunigung hin- und hergeschoben werden können,
bis sie sich allmählich auflösen wie altes Mobiliar, das zerfällt.
Schließlich besteht kein Kontakt mehr zwischen den Ereignissen.
So erging es QUASIMODO, der als Geometer des Straßenbauministeriums
das italienische Land vermaß und als 29 jähriger seinen ersten
Gedichtband veröffentlichte. Jemand, der an den Wurzeln der Wörter rüttelte.
Und es gab Wörter, die sich ineinanderhakten und eine Art Gewebe
bildeten, voll von weißen Wurzeln und schwarzen, die schmerzten.
Zu schreiben, wie QUASIMODO schrieb: „Ich öffne die Scholle, die mein ist."
Gemeint war gewiß das Ackerland seiner Sprache. Seiner Insel-Scholle.
„Ein jeder steht allein, getroffen von einem Sonnenstrahl."
Auch an diesem Tag, als ich seiner Spur folgte, Sonne auf allen Körperteilen.
Eine Reise, die ich seinetwegen machte. QUASIMODO, wie er
auf der Terrasse von TAORMINA stand und auf das ionische Meer
hinabblickte: Die Lavamassen des Ätna mit Schnee bedeckt.
Eine Erinnerung, derentwillen ich heute darüber zu schreiben versuche.
Ein konzeptualisierter Tastversuch. Denn ohne Erinnerung
erlebst du kein ICH. Aber ohne Vergessen kein Leben, das sich lohnt.
QUASIMODO als Wegbereiter. Von MESSINA zur sizilianischen Nordküste:
MILAZZO, der Hafen, von dem wir die liparischen Inseln erreichten.
Um was es mir geht, ist nicht nur die Ausdehnung der unmit-
telbaren Gegenwart. Sondern auch um den rückwärtsgewandten Blick.
Und endlich VULCANO, dahinter die Inseln LIPARI und SALINA,
FILICUDI und ALICUDI. Auf der rechten Seite PANERA und STROMBOLI.
QUASIMODO, neben MONTALE und UNGARETTI, der große Poet des itali-
enischen Dreigestirns. Für mich ein Lehrmeister der Sonne, der Inseln.

Autor von 15 Gedichtbänden. Nobelpreisträger. Einer der eine Spur zurückließ.
VULCANO: Der Geruch nach Schwefel. Blubbernde, zischende Kleinsttümpel unter den Füßen, so gehe ich den Strand entlang am Neujahrsmorgen. Am Ende schließlich die Besteigung des Berges, der Blick hinab in die Tiefe des Kraters inmitten der Schwefeldämpfe.
„Hier bis du allein geblieben. Vielleicht ist mein Zittern wie deins, im Zorn wie im Schrecken. Fern sind die Toten und mehr noch die Lebenden, meine feigen und schweigsamen Gefährten." Hier bin ich allein geblieben. Am Ende meiner Spurensuche: QUASIMODO, wie er aufrecht am Strand steht, ein zerbrochenes Paddel in seiner Hand, daran festgebunden das weiße Horn eines verendeten Schwertfisches.

DOGUBAYAZIT: HOTEL ARARAT

Alles wird Gedicht: Wird eine Verdichtungsarbeit, die keine realen
Entfernungen oder Jahreszeiten unterscheidet. Wichtig ist, daß es sie gibt.
Keine erfundenen Erinnerungen, keine Fälschungen oder Täuschungen.
Geschichten in Ich-Form, in denen Autor und Erzähler identisch sind.
Geblieben ist die Aureole der Anfänge, das mächtige Segel der Wörter.
Zwei Reisen in die Türkei: Das letztemal nach TROJA (1986),
einem kleinen Holzpferd zuliebe, das ich für eine konzeptuelle
Idee durch die Ruinen des PERGAMON und EPHESUS schleppte
und das erstemal die Reise zum ARARAT, der ARCHE NOAH wegen.(1984).
Was wir wollten: Bilder schaffen, bevor die unübersichtliche Welt
noch weiter auseinanderdriftet. Sich selbst vergißt. Zerstäubt.
Deshalb ein Flug mit der DC 10 von Berlin nach ANKARA und von dort
der Weiterflug nach ERZURUM, die Weiterfahrt nach DOGUBAYAZIT,
in unmittelbarer Nähe des ARARAT. Schnitte, die längst vergessen sind.
Dieses rasende Jetzt, aus dem Stegreif erlebt und ohne Sicherheitsabstand.
An was ich mich erinnere, sind die Militär-Konvois, die Minaretts,
die weißgetünchten Häuser, dazwischen die Zelte der Kurden,
ihre Pferde und Kühe. Panzer und Lkws. Und ja, die kahlen, beige-
farbenen Gebirgsketten der östlichen Türkei, die hier an die sowjetische
und iranische Grenze stößt. Der getrocknete Eselmist zu Pyramiden
aufgeschichtet. Die Überlandbusse aus Kuweit. Brotfladen und Tee.
Alles wird Text: Wird zur Spracharbeit des Erinnerns wie jetzt.
Und darin die Wahrnehmungsbrüche, Bilder im Sekundentakt.
Aber trotzdem braucht das Gedicht die ständige Definition seiner Gegenwart,
z.B. den Ruf des Muezzin um 5 Uhr morgens. Der frische Geruch von
Brotfladen. Alles wird Gedicht. Wird Verdichtungsarbeit.
Und zum erstenmal sehen wir den Schneekegel des ARARAT:
Der ARARAT als Logo. Als temporäre Protektionsfläche einer Idee, bei
der es um das apokalyptische Szenarium unserer ARCHE NOAH geht.
Ein Modell, das wir aus einer Obstkiste fertigen, die wir mit Blech
und einer Plane umkleiden. Mit Brotfladen füllen, verschnüren.
Als Arbeitsstätte die Schloßruine des Kurdenemirs ISAK PASA.

Anders YASAR KEMAL, der 1923 in einem südanatolischen Dorf geboren, der den ARARAT für eine kurdische Legende nutzte, in der sich die flötenspielenden Hirten an einem See treffen. Und über dem Wasser ein winziger Vogel, der einer Schwalbe ähnelnd über dem See kreist. Der ARARAT als Werkstatt. Als Unikat, als Terrain der Kunst. Und in den Berg eingeschrieben die alte metaphysische Ordnung einer Legende, in der es um einen Schimmel des MAHMUT KHAN geht, Pascha aus BAYAZIT und dessen schöne Tochter GÜLBAHAR.
Wir aber fuhren in die Lavafelder von IGIDIR. Bestiegen mit der ARCHE NOAH am Rücken den NEMRUD DAGH und erblickten von dort ein flackerndes Feuer am Gipfel des ARARAT, das der mutige AHMET, für GÜLBAHAR, der Tochter des Pascha, entzündet hatte. Was für ein Sieg.

SYMI: THE LAZY STEPS

Es gibt Orte, die wir in unserem Innern errichten, und andere,
die wir vorfinden, in Tagebüchern entdecken wie SYMI, eine griechische
Insel, die ALBERT CAMUS in den fünfziger Jahren mit einem Boot besuchte.
Ein Buch lesen, heißt, fremde Räume betreten, eine Schwelle überschreiten und eine Reise beginnen. Der Anlaß war diesmal
keine Recherche, sondern eine visionäre Idee: CAMUS auf SYMI zu suchen.
SISYPHOS, in Gestalt eines 80jährigen CAMUS, der seinen tödlichen
Autounfall überlebt haben könnte und danach noch 33 Jahre auf SYMI lebte.
Und es war Sonntag, der 24. Oktober 1993 als ich von BERLIN nach RHODOS startete. Jeder Poet hat seine eigene Spur, sein eigenes Arkadien, das zum
Text wird. Für CAMUS war es SYMI. Obdach und Unterschlupf im ägäischen
Meer suchend: Das Planquadrat des Vereinzelten.
Für mich war CAMUS ein Überlebender, abgesondert von allen,
jeder Verfolgung entzogen. Eine Identität, die stand hielt bis Heute.
Zuerst noch in LINDOS. „Am Himmel ein Stück Mond wie das Blatt des
Hagedorns." Darunter die AKROPOLIS: Ionische Marmorblöcke, byzantinische Trümmer, die Säulenreste von ATHENE. Zuunterst die Paulusbucht.
Und immer wieder Zypressen, Agaven, Hibiscusblüten, blökende Bergziegen.
Später sah ich CAMUS an der Reeling der NICOLAOS stehend, die vom
Kloster PANORMITIS kommend in den Hafen von SYMI einfuhr.
CAMUS, der Weltenflüchtling, den keiner mehr brandmarkte, bevormundete,
öffentlich zur Schau stellte. Ein altes, unbekanntes Gesicht, das ihm allein
gehörte. Und ich wußte: Es ist SISYPHOS. Die Stellvertretergestalt für uns
alle, das Symbol einer zerbröckelnden Welt, wie
sie der sechsundzwanzigjährige CAMUS einmal beschrieben hat.
Ein weißhaariger Greis, der täglich die 384 Stufen der KALISTRATA emporstieg und die Spitze des Berges erreichen wollte. Dort die Ruinen
der Windmühlen. Jahrtausende in Fels geschlagen.
Manchmal stand er vor der Gangway des DELFINO und blickte in
die Gesichter der herabströmenden Touristen. Ein blauer Tag ohne Weiß.
Manchmal saß er in seinem Stuhl vor LAZY STEPS und trank sein
Amstel Beer. CAMUS, der Zweitgeborene, der Entkommene, der Überlebende.

Unauffindbar, vergessen, wie ich es mir erträumt hatte für diese Reise.
In der Ferne das Abrollen der Ankerketten, die Lautsprecherbefehle der Offiziere. Und trotz allen Zögerns, trotz aller Hemnisse, erreichte CAMUS noch immer die Plattform des Berges: Unter ihm HARANI, wo die Werften liegen, GIALOS, wo sich sein Haus befindet. ACHILLES, der seinen Ouzo trank. Und noch niemals erschien ihm sein Leben so übervoll an Sinn wie heute.
Am darauffolgenden Tag fand man den 80 jährigen CAMUS,
des Sterbens ungewohnt, ein Dilettant, der das Sterben in Notwehr vollzogen, an einer der Treppen, kurz bevor er die Höhe des Berges erreichte.
Die Brille noch in seiner Hand, aber vom Felsen befreit, SISYPHOS,
der Unauffindbare, Entkommene, hier starb er zum zweitenmal.
In der Ferne die dahintreibenden Segel wie Standarten im Wind.
Als letztes die Ankerketten der NICOLAOS. Die Fremde war aufgebraucht.

MADRID: HOTEL INGLES, ECHEGARAY 8

Wer unterwegs ist, muß wahrnehmen, zugreifen, festhalten, einsammeln.
Unterwegs sein heißt, den Abstand zu verringern, der zwischen
der Welt und der Literatur herrscht: Die Wörter als endlosen Film erleben.
Die Orte sind temporäre Stationen ohne Konstanten und Kontinuitäten.
Der einzige Weg, dem ich im Mai 1997 geographisch zu folgen versuchte,
war das Buch „GEFÄHRLICHER SOMMER", in dem der 60 jährige
ERNEST HEMINGWAY (1959) „den besten Sommer seines Lebens" schilderte. Oder genauer: Seine letzte Lebensfreude.
Ein Weg, der mit meiner tatsächlichen Reiseroute nur sporadisch
übereinstimmte und vor allem fast vierzig Jahre später erfolgte:
In einem blauen Talgo sitzend, der uns in 7 Stunden
von BARCELONA nach MADRID brachte. HOTEL INGLES, nicht weit
vom HOTEL SUECIA entfernt, in dem seinerzeit HEMINGWAY wohnte.
In MADRID die Feria de San Isidro, bei der in 28 Kämpfen
84 Stiere getötet werden sollten. Die Stadt ein summender Bienenstock:
Abertausende Füße und Münder. Im HOTEL REINA VICTORIA
eine Gedächtnis-Ausstellung über den getöteten MANOLETE von Cordoba.
Die Arena eine Backstein-Kathedrale mit einem lärmenden Gottesdienst,
bei dem das Opfertier getötet werden muß. Du sitzt und starrst
und wirst ein Teil der tausendköpfigen Menge die aufschreit.
„Der erste Akt ist der Prozeß, der zweite die Verurteilung und der dritte ist die
Hinrichtung." Der alte Kontext ist aufgekündigt und ein neuer
noch nicht hergestellt. Der weißbärtige HEMINGWAY stand hinter
der Barrera und beobachtete ANTONIO ORDONEZ, der in dieser
Saison gegen LUIS MIGUEL DOMINGUIN kämpfen (und siegen) sollte.
Der dritte Aufenthalt ist CORDOBA: Hemingway im PALACE HOTEL
und anschließend in der TABERNA GUZMAN. Alles ist anwesend, lebt weiter.
Zwischen damals und heute ein Nullmeridian, den nur der Reisende überschreitet. Das letzte Bild von CORDOBA: Die begeisterte Menge
die ANTONIO ORDONEZ auf den Schultern durch die Arena trägt.
Der vierte Aufenthalt: Im andalusischen RONDA. Die Arena ein weißes,
kreisrundes Juwel. Der fünfte Aufenthalt: GRANADA. Du willst

zugreifen, festhalten und einsammeln. Willst den Abstand verringern.
In der Arena Papa HEMINGWAY in einer Khakihose mit einem
weißen Sonnenschutz über den Augen, wie ihn die Tennisspieler benutzen.
Was habe ich gesehen? Die Matadore BOHORQUEZ, MENDOZA und
OJEDA, zwei der talentiertesten Stierkämpfer,
die ihre Stiere vom Pferd töteten und keine dilettantischen Schlächter sind.
Der Stier ist kein Deliquent, der gefoltert, bestraft und hingerichtet wird.
Der sechste Aufenthalt: SEVILLA. Eine Fahrt durch hin- und
herwogende Weizenfelder, unter denen die Falangisten LORCA
spurlos verscharrten. Und hoch wirbelten die Schwalben, als die Pfingst-
Prozession die Stadt durchquerte. Die Offiziere mit blankem Säbel,
die Soldaten mit aufgepflanztem Bajonett. Und der Stier schleuderte
LUIS MIGUEL auf den Rücken und stieß ihn dreimal in seine Leistengegend.
Der Mano a Mano-Kampf war entschieden.

LISSABON: RUA COELHO DA ROCHA 16

Es gibt Reisen, die ihre Wiederholung verlangen. Und solche,
die überhaupt nicht stattfinden müssen. Die Träume
bleiben dürfen. Orte der Poesie, Straßen und Plätze, die nur aus
Wörtern bestehen. Bei denen es zwischen Innen und Außen keine
Unterschiede mehr gibt. Eine solche Stadt ist LISSABON: Für mich
kein wirklicher Ort, sondern die Allegorie des Lebens schlechthin.
Und FERNANDO PESSOA keine physische Realität, sondern
eine Scheinperson, ein vervielfachter Dichter, der an seiner
eigenen Vielheit zugrunde ging. Ein anonymer Handelskor-
respondent mit unterschiedlichen Lebensläufen und Schreibweisen.
Jemand, den man als Erfinder und Zerstörer seiner selbst bezeichnete.
Der sich in ALBERTO CAEIRO, in ALVARO DE CAMPOS und RICARDO
REIS aufspaltete: Und keiner wollte er selbst sein, denn
„wirklich sein will besagen, daß es nicht in mir ist." In mir,
EIN ERKALTETES ZÜNDHOLZ, das seine Freunde und Gefährten selbst
erfindet. Das ohne Flamme ist. Ohne Stimme und Gliedmaßen.
Ein Jemand, der jeder stationären Gegenwart aus dem Weg ging.
Kaum ein Name, der ihm topographischen Halt gab.
Die einzige Ausnahme war die RUA COELHO DA ROCHA 16,
in der er bis zu seinem Tod zu leben versuchte. Und in dem
sich heute die CASA PESSOA befindet. Darin fand er seine
HEIMATFERNE, die seinen exhibitionistischen Neigungen entsprach.
Die Scham beim Schreiben. Und dem sein Schreibberuf (den er liebe)
vermutlich peinlich war. Ein Eremit des Imaginären, des metaphysischen Niemandlands, das du in seinen Büchern bereisen kannst.
Darin findest du auch seine Stammcafes ROYAL und GIBRALTAR
am CAIS DO SODRE. Das Café ARCADA, das ihm als Schreibstube diente.
Das Restaurant PESSOA (in der Rua dos Dourados), wo er
gewöhnlich zu Mittag aß. Adressen, die ich als ready-mades verwende,
denn auf jeden kleinen Schritt folgt ein nächster. Altbekanntes
gibt es zuhauf! Also wozu diese Reise, wenn es seine Bücher gibt.
Schreiben hieß für ihn vergessen, auslöschen, das Leben ignorieren.

Und Erinnern bedeutet für ihn ein Verrat an der Natur, denn
„ERINNERN BEDEUTET NICHT SEHEN KÖNNEN." Und trotzdem:
Er war besessen vom Schauen. Jemand, der an der Fülle
von Wirklichkeit fast erstickte und sie trotzdem verweigerte.
Deshalb gibt es hier nicht die Rekonstruktion einer wirklichen Reise.
Nichts Authentisches, das ich belegen müßte. Keine zurückgelegte
Wegstrecke, die ich beschreiben könnte. Keine Zeugenschaft,
die ich in beliebiger Größe herbeizoomen würde. Stattdessen nur Poesie.
Straßen und Plätze, die nur aus Wörtern bestehen sollten.

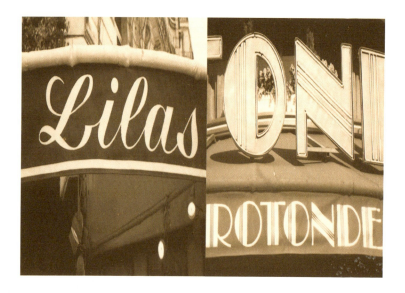

TANGER: RUE IMAM KASTELANI

Immer die Frage, was mir geblieben, oder was mir verloren ging.
Es gibt Erinnerungen, die aus Zeitungen und Journalen stammen,
die eine Raumtiefe suggerieren, als wären es die eigenen Bilder.
ERINNERN heißt zerlegen, aufspalten, Segmente herausfiltern
die authentisch sind. Ein erinnertes Sehen, das auf das
unmittelbare Erleben verzichtet und statt dessen der eigenen Spur folgt.
Das Erlebte eine diffuse Ferne. Vermischt mit Zeitungsberichten.
Bilder im Überfluß. Ein rückwärtsgerichtetes Schauen, das uns
den Sinn unseres Hierseins manchmal verständlich macht.
Und wer nach Marroko reist, der landet in AGADIR.
Das war 1984 oder 85. Vom MARRAKESCH kommend, die Fahrt nach
CASABLANCA, Humphrey Bogart wegen. Danach wieder
südlich bis CAP JUBY, SAINT-EXUPERY wegen, der dort seinen
Flugplatz leitete. Ein Feature-Stoff, der längst vergessen wurde.
Was blieb sind zahllose Bildfetzen von PAUL BOWLES,
heute ein 88 jähriger Greis, wie er im CAFE COLON in der RUE
DE LA CASBAH sitzt: Umringt von Domino-Spielern, für die
er einer der ihren ist. Ein imaginärer Kino-Ort, wie ihn der Film
„HIMMEL ÜBER DER WÜSTE" zeigt, den seinerzeit Bertolucci produzierte.
BOWLES also, der schweigend am Cafétisch des ORAN steht
und auf die figürlichen Abbildungen seines Romans blickt.
Ein Bild ohne räumliche oder zeitliche Begrenzung.
Und es spielt keine Rolle, ob ich es selbst erblickt oder in einem
der Journale entdeckte, die über BOWLES schrieben. Wörter, die
gealtert sind. Multiple Identitäten, die uns in die Werkstatt
des Gedächtnisses zurückführen – und es ist, als hätte ich eine
Schublade geöffnet: PAUL BOWLES in TANGER, wie er in seiner
Drei-Zimmer-Wohnung in der RUE IMAM KASTELANI sitzt.
Das Haus ein grauer Betonkasten, „ein pockennarbiger Plattenbau" schrieben die Journalisten, (Appartment Nr. 20 im
vierten Stock), in dem er seit 1955 wohnt. Ein weißhaariger Eremit, der
seit 1947 in TANGER lebt. Ein magischer Ort, den die Journalisten

immer als ein Eldorado der Freiheit beschreiben. In Wirklichkeit
eine zerstörte Legende, ein Überbleibsel der eigenen Einbildungskraft.
Eine Durchreisestadt der Beat-Poeten, die in den fünfziger Jahren
in der VILLA MURINIA wohnten und BURROUGHS (im Zimmer Nr. 9)
beim Sortieren und Arrangieren von „Naked Lunch" halfen:
Das waren Kerouac, Ginsberg und Corso, mit denen BOWLES
befreundet war. Weggefährten (und Statisten) die er überleben sollte.
Also was ist geblieben? BOWLES im rostfarbenen Cadillac,
mit dem ihn sein Chauffeur Abdel Wahid täglich zum Markt und zum
Postamt fuhr. Ein vorgefundenes Bild, das inzwischen mein eigenes ist.

TANGER: HOTEL VILLA MOUNERIA

Du kannst eine Reise herbeidenken, herbeischreiben wie diese:
LA CAPELLE, Mitte Oktober 1998. Schreiben als archäologisches Nachspüren, wie es gewesen ist. Oder besser: Wie es gewesen sein könnte.
Und manchmal hör ich noch heute die Wörter, die authentischen
O-Töne meiner zurückliegenden RADIOREISEN, die mir die Gewißheit
meiner eigenen Existenz vermitteln. Daß ich leibhaftig existiere.
Daß ich vorher gelebt habe: Ein vibrierendes Hirn als Gebrauchsgegenstand. Und darin benutzerfreundliche Wegstrecken, die ich
in eine ästhetische Kategorie zu verlagern versuche, wie hier:
Also noch einmal TANGER. BOWLES, geboren am 30. Dezember 1910
in New York City. Der Beginn einer Reise, die noch immer fortdauert.
Ein Achtzehnjähriger, der nach PARIS flüchtet und dort
als Telefonist bei der „Herald Tribune" arbeitete. Und TANGER
eine Art Signatur. Eine Signatur, die ihm Gertrude Stein
mit auf den Weg gab: Ein Weg, der immer noch fortdauert.
Wer aufbricht ins EIGENE, der muß (nach Chatwin) seiner
NOMADISCHEN ALTERNATIVE folgen, was nichts anderes heißt,
als der Ruhelosigkeit seines irrationalen Instinkts entsprechen.
Und es ist – so schrieb BOWLES – „ALS RISSE DER SCHÜTZENDE
HIMMEL ENTZWEI." Ein traumatisierter Poet der short-stories schrieb
und den Himmel als eine Herberge der Finsternis bezeichnete.
Du kannst dich zurückerinnern. Kannst dich dem aussetzen,
was dir geblieben ist: Mit einem Frachter von MARSEILLE
kommend, in CARTAGENA geankert und weiter nach
TANGER fahrend, suchen, bis ich ihn finde. Ein Poet, dem
die Wünsche sein Leben verfinsterten. Der mit einer Wünschelrute
reiste, bei der die inneren und äußeren Wege fast immer
identisch sind. Zuletzt (oder zuerst?) sah ich BOWLES
mit Kerouac, Orlovsky und Corso (von Ginsberg fotografiert),
vor der Gartenmauer der VILLA MOUNERIA sitzen. Alles Fremdlinge, Eindringlinge, alles Nomaden, die abhoben und eintauchten.
Besitzlose Bänkelsänger. Stammesangehörige auf der Wanderung

durch die Wildnis der Seele. Und BOWLES? Ein stigma-
tisierter Außenseiter wie sie. Ein Umherziehender, der seßhaft wurde,
während die anderen dem Tamtam einer Trommel folgten.
Tanzende, zugekiffte Derwische, anarchisch, neurotisch, vorbei.
Du kannst eine Reise herbeisehnen, herbeiträumen wie diese:
LA CAPELLE, auf der Terrasse sitzend, umgeben von rotem Weinlaub.
Figuren treten auf und verschwinden. Darunter BOWLES, die Ikone
der Beat-Poeten, AUF UND DAVON NACH TIMBUKTO. Und dieses Wort
als Losung und rituelle Formel (würde Chatwin sagen) für das Ende der Welt.

SANARY: HOTEL DE LA TOUR

Es ist die Sonne. Das Bedürfnis nach Gegenwart, das uns
aufbrechen läßt. Raus aus der Fernsicht des Zurückliegenden
und stattdessen DIE NAHSICHT DER JETZTZEIT. Das Haus
verlassen und sich auf den Weg machen, sich dem HEUTE aussetzen.
Den verläßlichen Koordinaten anzuvertrauen, dem ein verborgener Vernunftplan zugrunde liegt: Von LA CAPELLE nach
AVIGNON und von dort nach AIX. Einmal auf der Terrasse
vor dem DEUX-GARCONS sitzen (wie seinerzeit BLAISE CENDRARS)
und ein Pression trinken. Eine Ortsveränderung für zwei Tage,
in wenigen Stunden vollzogen. Danach auf dem Platz des HOTEL
DE VILLE im Sonnenlicht den Rosè trinken (wie es Beckett tat).
Die Bestände der Wärme sichern. Dem Oktober standhalten.
Und immer wieder der Wunsch, Schreiben wäre ein Handwerk wie
jedes andere: Eine Art Feldarbeit, als würdest du den Erdboden pflügen.
Und von AIX nach SANARY, ein kleiner Küstenort, westlich von
TOULON gelegen. Alles zur Kenntnis nehmen, notieren, sortieren,
erhalten wollen, was du zu sehen bekommst. Welch ein Glück,
hier im Hafen zu stehen und auf das Meer hinauszuschauen.
Und da ist es wieder: Dieses schmerzhafte HERBSTFLIMMERN,
das du zu fürchten beginnst! Im geeigneten Moment aufbrechen und irgendwo
auf das Meer hinausstarren, das hat nichts Dramatisches, eher etwas
Rührseliges, Verehrungswürdiges, denn das Schöne ist so augenfällig,
wie in den dreissiger Jahren, als SANARY das Zentrum der deutschen Exilliteratur wurde: Die ersten LION FEUCHTWANGER und THOMAS MANN.
Im gleichen HOTEL DE LA TOUR wohnend wie wir. 36 Autoren,
die du auf der Gedenktafel findest: Unter ihnen BRECHT
und HASENCLEVER, HESSEL und KANTOROWICZ, KESTEN und
KISCH, MARCUSE und KOESTLER, WERFEL und FRANK, ARNOLD
und STEFAN ZWEIG. Und eben Feuchtwanger und Mann, zwei
Könige von verschiedenen Königreichen. Die einen auf der Terrasse
des CAFE DE LA MARINE hockend, und die anderen daneben auf
der Terrasse des NAUTIQUE sitzend, die es beide noch gibt.

Die Palmenkronen mit Schnüren zusammengebunden.
SANARY, die Heimat der Asylanten-Wörter. Der geächteten und verfolgten
Autoren, die später in der Ziegelei von LES MILLES interniert wurden.
Es ist die Sonne. Das Bedürfnis nach Gegenwart, das uns
aufbrechen ließ und uns unvermittelt an ADOLF HITLER erinnert.
Bleibt noch der Weg ins Arkadien: Den CHEMIN DE LA COLLINE
empor, die Häuser zwischen Zypressen und Agaven. Und noch immer
der Turm von WERFEL (Nr. 29), und das neu errichtete Haus CARREIRADE
(Nr.: 430), in dem einmal Thomas Mann wohnte. Am Ende wieder der Blick auf
das Meer oder genauer: Auf die Villa VALMER in der AVENUE BEAUSOLEIL
Nr. 16, in der einmal FEUCHTWANGER residierte.

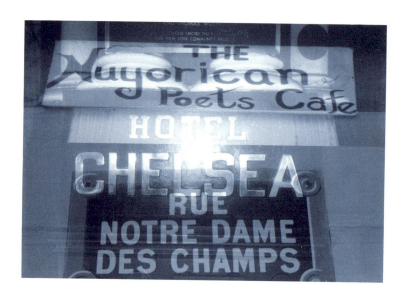

MARRAKESCH: HOTEL DE FOUCAULD

Die Hotels als Landestellen. Als Durchreisepunkte, die die Lebens-
angst verringern. Die Weltzeit verlangsamen. Farbige Mobiles
aus Türen und Fenstern. Namen, die von der Welt erzählen,
von gestrandeten Menschen, die an Land gespült und keine Bleibe haben.
So auch an diesem Tag: Donnerstag, den 12. April 1985. Eine PAN AM
Maschine die uns von Berlin nach AGADIR bringen sollte.
Und ähnlich SAINT-EXUPERY, der Südkurier einer kleinen
Postlinie, wie er 1927 von TOULON kommend nach BARCELONA
und von dort weiter nach CASABLANCA flog. Eine Strecke von
fünftausend Kilometern... Ein Pilot, ein Mechaniker, drei Passagiere
und 630 Kilogramm Kurierpost, die u.a. aus 30000 Briefen bestand.
Ein Küstenflug, der mit der Strecke unserer PAN AM fast identisch ist.
Aber fortgewischt die Erinnerung, das Vergangene vergessen.
Außerstande an mehr zu denken, als an die waagrechte Wolkenschicht,
darüber ein tiefblaues Niemandsland, ohne erkennbare Details.
Zwei Tage später die Fahrt nach MARRAKESCH, Hotel de Foucauld.
Und nicht weit davon entfernt, der PLACE DJEMAA EL FNA:
Der Märchenplatz Arabiens. Ein tausendjähriger Name der bleibt.
Woran ich zurückdenke, sind die trommelschlagenden
Berber. Die Schlangenbeschwörer. Nomaden und SOUKS.
Der Rhythmus ihrer Tamburine. Ihre blautätowierten Hände.
Messing und Leder, gepökelte Hammelköpfe oder dergleichen.
Und weiter nach CASABLANCA, Hotel de Seville in der RUE NATIONALE
Nr. 19. Am Burnus der Name ALLAH, darunter die Hand der FATIMA,
Tochter des Propheten Mohammed. Eine von rechts nach links verlaufende
Schrift, die aus 28 Zeichen besteht. Und ja, der Ruf des MUEZZIN.
Und weiter nach RABAT, Hotel D`Orsay am PLACE DE LA GARDE.
Mohammed der letzte und vollkommenste Prophet Allahs.
Und wieder der Ruf des MUEZZIN. Das fünfmalige Gebet in Richtung
MEKKA. Die Waschung der Gesichter, Hände und Füße. Schließlich die
Bodenberührungen mit der Stirn. Frauen und Männer getrennt.
Danach weiter nach FES: BAB BU JE LUD, unser Quartier in einer

arabischen Herberge. Die Berber, die Araber, die Haratin und die Juden.
Nicht zu vergessen SAINT-EXUPERY, der 1921 hier seinen zivilen
Flugschein erhält. Ein 21 jähriger Offiziersschüler, der das Land
der Sultane und Kalifen liebte. Und hier saß er: Zwischen
den Männern mit weißen Bärten und weißen Turbanen, CAFE DE LYON.
Ein ockerfarbener Innenraum mit türkisfarbener Decke.
Eine Neonröhre über dem Königspaar. Feiner Sand der Sahara, der
durch die Jalousien der Fenster drang. Metaphysische Hohl-
räume, die von einem Reisenden kaum zu orten oder zu begreifen sind.
Die Maschine mit der wir nach CASABLANCA zurückfliegen ist eine
FRIENDSHIP 27. Und die nach AGADIR eine BOING 737. Und es ist
die gleiche Flugstrecke, die der 26 jährige SAINT-EXUPERY als Kurier flog.

TARFAYA: CAP JUBI

Das beste einer Reise: Heimzukehren, endlich wieder „zu Hause" zu sein.
Das eigene Hotelzimmer als Versteck nutzen. Dinge die du berühren willst,
die ein Teil von dir selbst sind. ENDLICH ALLEIN: „Eingeschlossen in dich
selbst." Und trotzdem. Trotz all diesen Kenntnissen, beginnst du von neuem.
Also noch einmal AGADIR: Der 21. April 1985. HOTEL ATLANTIK.
Im geglätteten Sand liegend. An Ort und Stelle lebend, an der
einmal SAINT-EXUPERY lebte. Hiersein. Dabeisein, wie sich die Bilder
in Wörter verwandeln: IKARUS, für den sich der Raum öffnet.
Der geflügelte Körper – nichts kann ihn aufhalten, zurück-
halten. Wer aufbricht, will in alle Weltgegenden, bis daß der Globus
schrumpft. Bis eine Handvoll dieses Planeten ihm selbst gehört.
Für uns bedeutete das eine Busfahrt von AGADIR nach GOULIMINE.
Und von dort durch das Atlasgebirge nach BOU IZAKAM: Seiner Flugspur
auf dem Erdboden folgend, bis kurz vor den 30. Breitengrad.
Eine geographische Linie, die sich bei SAINT-EXUPERY von AGADIR
nach CAP JUBI und von dort nach PORT-ETIENNE und DAKAR erstreckte.
Berge aus rötlichem Stein. Hochgewachsene Palmen. Beigefarbene
Kamele, verschleierte Frauen. Die wellenartigen Dünen des
herantreibenden Sahara-Sandes. Die Schreibform eine Art Logbuch. Wissen
wollen, was die Welt zusammenhält. Was sie erzählbar macht.
Am Ende die Wüstenstadt GOULIMINE: HOTEL ERE NOUVELLE,
Zimmer 14 im 2. Stock. Wer sich erinnert, erinnert sich unter
Vorbehalt. Er rafft die Bilder zusammen, versucht sie hinüberzuretten.
Denn die Krise des Erinnerns endet bei der Simulation des
Echten. Bei der Unschärfe des Schönen. Bei der Anhäufung der Wörter.
GOULIMINE, der südlichste Ort Marokkos, der auf dem Landweg
erreicht werden kann. Danach folgt das militärische Sperrgebiet.
Das Gebiet der POLISARIO, der für die Unabhängigkeit der Westsahara
kämpfenden Guerilleros. Damals und Heute: CAFE AL KHEIMA.
Nicht weit davon entfernt der Kamelmarkt, die brüllenden Tiere,
ihre Vorderbeine zusammengebunden. Ein wehender Wind, damals,
der die Sandkörner auf die Leintücher der Betten häufte.

Um zu dem 400 Kilometer entfernten CAP JUBI zu gelangen, müssen
wir nach AGADIR zurück und eine kleine FRIENDSHIP F 27 nehmen,
die uns, mit Soldaten gefüllt, die Küste entlang nach LAYONNE bringt.
Die Erinnerung ein Flickenteppich. Erzählfäden, die miteinander
verworben, verknotet sind. Aber wenn Erinnerungen einen Sinn
ergeben sollen, muß ich mir ganz nahe sein, muß ich es selbst sein.
Das Flugplatzgebäude eine Wellblechbaracke mit Stacheldraht umzäumt,
von hier nach TARFAYA. Der Landrover vollgepackt mit Benzinfässern,
Berbern und blauvermummten Tuaregs. Ziegen- und Gazellenfellen.
Draußen die Fluten des Sandes. Zeit in tausendfältigen Schichten
die gegen den Himmel branden. Wilde Kamele in hellbeiger Farbe.
Als wir am Militärposten von TARFAYA ankommen, sehen wir die
Sanddünen der Wüste, wie sie das Blau des ATLANTISCHEN OZEANS
erreichen. Am Ufer gestrandete, halbversandete Frachter und Flugzeugrümpfe.
Wir sind angekommen und haben den Endpunkt einer literarischen
Fährte erreicht: CAP JUBI, ein ehemaliges spanischen Fort,
in dem am 10. Oktober 1927 SAINT-EXUPERY zum Kommandanten
des zivilen Flugplatzes ernannt wurde. Ein Märchen Arabiens: Und
„ICH BIN NOAH, DEN DIE TAUBE IN DER ARCHE AUFSUCHT"...
Ein Kommandant, der über 4 Mechaniker und zehn Mauren
regierte und den abgestürzten Piloten notfalls zu Hilfe eilte.
IKARUS, der Vogelmensch, der seine Balance verlor und durch die
eigene Schwerkraft wieder zu Boden stürzte. IKARUS, der Aufwärtsstrebende
und Hinabstürzende, SAINT-EXUPERY, der am 31. Juli 1944 zu seinem
letzten Flug startete, von zwei deutschen Maschinen angegriffen in der Nähe
der Cote d' Azur brennend ins Meer stürzte.

KAIRO: OASE SHIWA

Was im Gedächtnis blieb, war die DRAPIERUNG DES NILS mit farbigen Stoffbändern. Das Segelboot eines barfüßigen Alten, der überlebt hatte.
KAIRO ist kein Fluchtort, keine Eremitage geruhsamer Einkehr,
sondern ein lärmender Ort ohne Distanz, ohne feste Geographie.
Ein Ort der Gleichzeitigkeit, wo das Sichtbare und Hörbare lebensbedrohliche, unkontrollierbare Zustände für den Reisenden schaffen.
KAIRO als Augenfalle: Du kannst es am NIL entlang oder
durch die ARABISCHE WÜSTE mit einem Taxi erreichen, wie ich.
Von ALEXANDRIA kommend oder vom Flugplatz wie im November 1988. Plötzlich bist du im Chaos, im Fiebertraum der Sinnestäuschungen. In einer Anarchie heranströmender Zeichen.
Was im Gedächtnis blieb, war die Arbeit mit einem lebendigen
Truthahn vor den Steinwürfeln der Pyramide. Oder als letztes:
Die Fahrt zur Oase SIWA in der lybischen Wüste, die ich aus
dem Flugzeug entdeckte. Bilder wie Seifenblasen. Wie filmische
Rückblenden, die den Atem beschleunigen oder verlangsamen.
Und hier, in all diesen Alptraum-Einzelheiten von KAIRO konntest
du ihm früher begegnen: NAGIB MACHFUS, der 87 jährige Vater
des arabischen Romans. In den Cafes ALI BABA oder EL-FISHAWY
sitzend, wo er seine Wasserpfeife rauchte und eine Zeitung las.
(Bis ihn 1994 einer der fanatischen Islamisten lebensgefährlich
verletzte). Und hier kannst du in der MIDAQ-Gasse deinen Tee trinken.
Im „Zuckergäßchen" seines Viertels ein Stück seines Weges gehen.
Aber stattdessen fuhren wir mit der NEFRETARY den NIL flußaufwärts
und schmückten das vorbeiströmende Wasser mit gelben und orangefarbenen Leinenstreifen. Weniger eine ästhetische Absicht,
als eine Geste der Huldigung oder Besänftigung. Linkerhand
der LUXOR-Tempel, der AMUN-Tempel von Karnak und rechterhand das einstige THEBEN: Das Grab von TUTENCHAMUN und das Grab
von RAMSES. Eine Trennungslinie zwischen der äußeren und inneren Welt.
Die DRAPIERUNGEN des Wassers als Schmuck und kalligraphisches
Zeichen.

Und dann von MARSA MATRUH die Straße nach SIWA weiterfahrend.
Ein letztes Bild des Authentischen. Ein letztes Indiz der gegenständlichen Welt, bevor sich die Materie auflöste und gänzlichst verschwand. DER WEG NACH SIWA eine Doppelreihe gefundener Faustkeile. Die Asphaltstraße ein ehemaliger Karawanenweg, den sie früher die „STRASSE DES VERGLÜHENS" nannten. Und neben der Straße eine erkaltete Feuerstelle. Und wie du mit geschwärzten Füßen im Kraftfeld des ehemaligen Feuers stehst. Ein Platz, an dem die alten Worte wohnen. SIWA, das im Gedächtnis blieb. Eine grüne Oase mit 200 heilenden Quellen. Berühmte Orakelstätte des Zeus-Amun. Ein monströses, verinnerlichtes Ruinenbild. Ein Ort des Verglühens.

MOMBASA: OCEAN VIEW BEACH HOTEL

Alles hat seinen Anfang. Seinen Willensakt, seine erste Etappe.
Und „RUND UM DEN KILIMANDSCHARO" war so ein Anfang: Eine
Foto-Safari für zweitausendfünfhundert D-Mark. Und ich ein
RADIO-Greenhorn, ein Quereinsteiger, der diese Reise riskierte.
Wissen wollen, wie es funktioniert: Die Welt darzustellen und nachzuahmen.
Bilder, die das Kind in uns trösten, die uns den Weg suchen und beglücken.
Und deshalb der Flug mit einer Boeing 727 der HAPAG-LLOYD
von Frankfurt nach MOMBASA im September 1976. Ein Anfang
der sich des ganzen Körpers bemächtigte. Der mich aus den Wörtern
herausführte und in die Welt warf. Und Bilder wie Beutestücke.
133 Touristen schlossen ihre Augen und begannen zu träumen.
Ihrer Wirklichkeit glücklich entronnen. Unter den Tragflächen die
Lichter von Heraklion. Danach eine Zwischenlandung in KAIRO,
eine zweite in DSCHIBUTI. Wir überflogen die Küste des Sudans und MEK-
KA. Alles zum erstenmal, wieder und wieder.
IM OSTEN DIE TAGHÄLFTE UND IM WESTEN DIE NACHTHÄLFTE.
133 Touristen überflogen den Äquator. Und wirklich: Der schneebedeckte
KILIMANDSCHARO! Für die Massai DAS HAUS GOTTES. Und dicht
unter dem westlichen Gipfel das eingefrorene Gerippe eines Leoparden.
Und irgendwo in der Savanne das Camp des HEMINGWAY-Mannes,
der verletzt im Zelt lag und die herankommende Hyäne beobachtete.
Ein HAPAG-LLOYD-Glück, eine Fata Morgana, der du nicht entgehen
konntest. Der Name HEMINGWAY ein Mahnmal, das man nicht stürzte.
Was ist geblieben? Was ist noch verwendbar? Was ist der Rede wert?
Das geschönte, verklärte Bild des Indischen Ozeans. Manchmal
ein DAU, ein SUAHELI im Einbaum stehend. Entfernte Frachter,
von SOMALIA oder MADAGASKAR kommend. Halberinnerte Erinnerungen an Tausendfüßler und Tstsefliegen. Damals gab es
in Kenia noch 160000 Elefanten, 200000 Büffel, 4000 Löwen und
20000 Nashörner. 40 Völker und mehr als 30 Stammessprachen.
Und eben diesen HEMINGWAY-Mann, der das herankommende
Flugzeug hörte, das über dem Camp kreiste und schließlich landete.

JAMBO...JAMBO. Da war der Trommel-Rhythmus auf dem Antilopenfell.
Die Orakelbefragung, die Geistanrufung und die Geistvertreibung.
Da waren die Pullmann-Busse und die Landrover. Da waren die
Elefantenherden, die Giraffen und Büffel, Antilopen und Geparden.
Da war der NGORONGORO-Krater und die AMBOSELI-SERENGETI,
die KILAGUNI LODGE und die MASSAI LODGE. Und eben dieser
sterbende HEMINGWAY-Mann, den die Boys in das kleine, wartende
Flugzeug trugen. Und Compton, der die Maschine flog, in weiten
Hosen, einer Tweedjacke und einem blauen Filzhut.
Und dieses Bild war der Anfang, war meine erste Etappe.
Aus den Wörtern herausgeführt und in die Welt geworfen. Das Bild
als Jagdbeute. Als fotografischer Blattschuß der HAPAG LLOYD-Welt.

HAVANNA: BODEGUITA DEL MEDIO

Gestern noch in Afrika und heute in Cuba. Funktioniert das noch?
Diese routinierte Eile, dieser zyklopische Blick meiner Wörter?
Um bei HEMINGWAY zu bleiben, kannst du in wenigen Stunden
die Kontinente wechseln. Aus dem September in den April.
Von 1976 in das Jahr 1988. Aus einer Boeing 727 in eine IL 62
der DDR-INTERFLUG. Alles ist möglich. Fünf Zeilen genügen
und die Maschine startet am Ostersamstag in Berlin-Schönefeld.
Wer schreibt (oder liest) kann in wenigen Sekunden die Zeit
und die Orte auswechseln. Jede große Entfernung bewältigen.
Ansonsten: Keine Erfindungen im Faktischen. Größtmögliche
Annäherung an das Authentische. Hauptsache Unterwegssein.
Aber nirgendwo das Ganze. Nirgendwo eine unumstößliche
Einheit. Die Erinnerung eine multiple Welt aus Bruchstücken,
die sich kombinieren lassen. Rückblenden en masse.
Ich notiere eine Zwischenlandung in GANDER (Neufundland)
und die Landung in HAVANNA um 1 Uhr nachts. (MEZ-Zeit)
Anschließend die Fahrt nach SANTA MARIA, HOTEL ITABO.
An der Küste gelegen, Zimmer 256. Das alles gehört zusammen:
Aufbrechen und Ankommen. Bedenkenloses Festhalten, was du erblickst.
Oder genauer: Was du JETZT erblickst. Was du JETZT fusionierst.
Was ich NICHT will: Das Alte ästhetisch rehabilitieren. Den Autor
als extrovertierten Mittelpunkt des Geschehens beschreiben.
Zuvor noch am Kilimandscharo und JETZT an der cubanischen Küste.
Funktioniert das noch? Was irritiert, ist die Formlosigkeit,
die Unkenntlichkeit meiner Erinnerung. Die Abkehr des Gedächtnisses
vom Prinzip der Nachahmung. Dann wieder bedenkenloses Wiedererkennen: Alte Notizen, die ich in Schubladen und Schränken finde.
HAVANNA: Die verwahrlosten Straßen und Läden. Und zufällig
entdeckt: Die BODEGUITA DEL MEDIO: Die Bar, in der HEMINGWAY
seinen MOJITO trank. Der weißhaarige MARTINEZ. Bekritzelte Wände
und alte Stierkampfplakate. Fotos von Cardinale und Errol Flynn.
Handschriftliche Briefe von HEMINGWAY, die er MARTINEZ schickte.

Die Frage ist: Was ich suchte und zu welchem Zweck ich es suchte.
Eine Spur wie in Formalin gelegt. Das Carisma von HEMINGWAY
war seine Sieger-Maske. Seine hemmungslose Selbstfindung.
Mit solchem Leistungswahn mußt du ins reine kommen.
Und ich besuchte LA FLORIDITA, wo er seine Hummer aß. Das HOTEL
AMBOS MUNDOS (Zimmer 511 im 5. Stock), wo er in den dreißiger
Jahren wohnte. Ich notiere seine Bronzebüste und Gedenktafel. Das war
HAVANNA. Und was ist besser: Gefühllose Zielstrebigkeit oder ziellose
Gefühligkeit? Diese Frage ist unausweichlich und ohne Ende.
Denn 42 Zeilen für eine solche Reise sind eine kurze Spanne Zeit.

COJIMAR: LA TERRAZA

Noch immer HAVANNA. Die Spur eine Zickzackroute.
Alles aus allzugroßer Nähe gesehen, bis die Umrisse verschwinden.
Den Rest muß der gutgläubige Leser selbst erfinden. Du gehst
die SAN PEDRO zum Hafen entlang, wo die russischen Frachter liegen.
Als Einstieg zwei „Daiquiri a la Papa", (von denen H. ein gutes
Dutzend trank). HEMINGWAY eine faßbare Gestalt. Mimik und
Gestik sind festgelegt. Damals ein professioneller Archetyp.
Inzwischen verhäßlicht und dekonstruiert. Ein vitaler Einzel-
gänger, dem das Leben als darwinischer Kampfplatz diente.
Um deinen Nervenkitzel zu erhöhen, buchst du eine Tour
nach SAN FRANCISE DE PAULA, wo noch immer seine FINCA steht.
Ein verschlossenes Gebäude, die geöffneten Fenster als Sichtschneisen.
Alles unberührt, in Erwartung erstarrt, als würde HEMINGWAY am
gleichen Tag zurückkehren. Die Faktizität spielt keine Rolle mehr.
Sein Eßtisch ist gedeckt. Die Gläser neben den Flaschen in der
Nähe der Couch. Die letzten Briefe und Zeitungen auf seinem Bett.
Nichts in Vitrinen gesperrt. Nichts archiviert und gealtert.
Ich erkenne das Stierkampfgemälde von Roberto Domingo.
Seine ROYAL-Schreibmaschine auf dem Bücherbord.
Speere und Kopfschmuck der Maissai: Gewehre und Kleidungsstücke.
In der Bibliothek ein Löwenfell und im Schlafzimmer ein
zweites Löwenfell. Im Turm ein drittes Löwenfell, auf dem sein
Schreibtisch steht. Schlieren von Zeit, die er zurückgelassen.
Nichts ist erfunden. Alles ist aufbewahrt und zur Schau gestellt.
Der TATORT wird zur Bewegung veräußerlicht. Und einmal auf
der Fährte, nimmt die Fährte kein Ende. Die Spurensuche weitet
sich aus, bezieht den Chronisten mit ein, schließt das Heute nicht aus.
An den Rändern des Pools die weißen, eisernen Gartenstühle von H.
Seine „PILAR" in einer riesigen Holzkiste verpackt. Nicht weit davon
entfernt die kleinen Katzengräber von BLACK, NEGRITA, LINDA und
NERON. Alles ganz nah, alles ganz wirklich.
Eine professionelle Suche berücksichtigt auch das Unwichtige,

das Unbeteiligte: Das Autobiographische gleichsam im Vorbeigehen.
Das gleiche in COJIMAR, damals ein kleines Fischerdorf, ein paar
Meilen von seiner FINCA VIGIA entfernt: Mittendrinsein und danebenstehen.
Das TERRAZA als Ausgangspunkt: Der Speiseraum über dem
Wasser der Bucht. Der Strand mit Unrat bedeckt. Auf der PLAZA
HEMINGWAY'S Büste, aus der Bronze gestifteter Schiffsschrauben gefertigt.
Alles Indiz, alles ein Augenhintergrund für nervliche Erregungen.
Endlich VOR ORT: Das Meer ein ready-made-Gemälde, zur Kenntlichkeit zurückverwandelt. Eine Gemälde aus Wörtern bestehend.
Wo wir auch hinschauen: Als wäre die Zeit nicht vergangen, vergessen
und oben in seiner Hütte der schlafende SANTIAGO, der vierundachtzig
Tage vergeblich hinausgefahren, ohne einen Fisch zu fangen.

LA CAPELLE/MONT VENTOUX

Endlich wieder ein JETZT, das ein HEUTE ist. Nicht mehr
die Wege abschreiten, die längst verwoben sind. Und statt
in MOMBASA oder HAVANNA die reale Bodenberührung meiner
Füße in LA CAPELLE. Oder genauer: Am MONT VENTOUX.
Ein Ziel, das wir schon vor Jahren vor Augen hatten und das (in einer
Zweistundenfahrt) über CHATEAUNEUF-DU-PAPE, CARPENTRAS
und MALAUCENE, leicht zu erreichen ist: Eine Wallfahrt, wie sie
HANDKE mit BAZON BROCK oder dergleichen schon öfters verwirklichte.
Ein wüstengleicher Gipfel, mit weißem Kalkgeröll bedeckt.
Und vom MISTRAL fast zu Boden gerissen, während wir die Treppe
zur Plattform emporstiegen. In meiner Hand den roten
PETRARCA-Band CANZONIERE (mit 366 ungelesenen Gedichten).
Nicht daß er mir nahe wäre, dieser PETRARCA, oder daß er mich
jemals interessiert hätte. (Eher waren es die Porträts der Petrarca-Preisträger)
die Handke und Brock oder dergleichen auf diesen Gipfel schleppten.
Endlich wieder festen Boden unter den Füßen – statt Wörter
auf dem Papier. Etwas Gegenwärtiges, das PETRARCA als „das Ende
aller Dinge und des Weges Ziel" bezeichnete. Das war am Morgen
des 26. April 1336. Und NEIN, es lagerten keine Wolken zu unseren Füßen,
wie es PETRARCA beschrieb. Und NEIN, ich sah nicht „den Grenzwall der
gallischen Lande und Hispaniens, den Grat des Pyrenäengebirges."
Und NEIN, ich sah auch nicht die Rhone, die PETRARCA geradezu
vor seinen Augen lag. Nur in der Ferne „eisstarrend und schnee-
bedeckt" die Alpen. „Zur Rechten die Gebirge der Provinz von Lyon."
Mehr ahnend als sehend zur Linken der Golf von Marseille, oder?
Auf keinen Fall das Meer, das „gegen Aigues Mortes brandet."
Alles in allem, es gelang uns kein Überblick. Keine Standortbestimmung.
Außerstande, die überschaubare Erdfläche mit Sinn zu erfüllen.
Alles in allem waren es nur wenige Sicht-Sekunden, angeklammert
an das Geländer der Plattform, weil uns der Mistral fast über
die Böschung riß. Eine „SELBSTFINDUNG DER SEELE DURCH DAS
HINAUFFÜHREN DES KÖRPERS" mißlang. Außerstande mich

selbst zu definieren. Keine Übereinstimmung mit der Welt, „kein Erheben der Seele auf ihren höchstmöglichen Standort", wie es PETRARCA erlebte. Das einzige was mir gelang, war ein Foto des dicken PETRARCA-Bandes, wie er am Felsen lag, wie ein regloser Stein. Darin die Verse für LAURA. Fast hatte ich "vergessen, an welch einen Ort ich gekommen und zu welchem Zweck", später im CHALET REYNARD hockend, bei Kaffee und Kuchen. Also: Endlich ein JETZT und ein HEUTE. Die reale Bodenberührung mit meinen Füßen. Ende Oktober 1998.

Ein Monat der gescheiterten Aufbrüche. Die Koffer gepackt und doch geblieben. Einer blutenden Krankheit wegen.

New York sollte es sein, das Zimmer im Chelsea war reserviert. Die Tickets storniert. Die Erwartung enttäuscht.

DUBLIN: ECCLES STREET 7

Der erste Pub: O'FLAHERTY in der CATHERINE STREET in LIMERICK.
Ein kleiner, dunkelrot gestrichener Raum mit wortlosen Männern.
Hinter dem Tresen die beiden Holzfässer mit Whisky und Bier.
Erinnern. Vergessen. Irgendwo abwesend und gleichzeitig anwesend.
Der Anlaß der Reise: ULYSSES von JOYCE. Der Inhalt des Buches
ein einziger Tag, an dem sich Leopold Bloom und Stephen Dedalus
von einander getrennt, aber gleichzeitig durch die Stadt bewegen.
ODYSSEUS UND TELEMACH AUF DER SUCHE DIE WAHRHEIT ZU
FINDEN. Das Buch ein Ungeheuer, das sie beschlagnahmten,
verbrannten und schließlich verboten haben. Feinste Umrisse,
Sekundenspots die du zusehenst vergröbern mußt. Die Auslöschung von Erinnerung durch ihre Handhabung, oder durch ihre
bewegliche, konguitive Mechanik. Oder wie hier: Durch ihre
Beschreibung. Und schreiben heißt, in alle Himmelsrichtungen
gleichzeitig reisen: Mit einer Maschine der LAKER AIRWAYS nach
SHANNON zu fliegen und von dort weiter nach DUBLIN zu fahren.
Ein Obdach im „MURRAY HOUSE" im 2. Stock. Ithaka also, Äolus
Höhle oder Circes Grotte, du kannst es dir aussuchen. DUBLIN ist
eine Stadt mit 850 Pubs. Und LEOPOLD BLOOM, der listenreiche
Odysseus als ein Ariadnefaden, der dich in die JOYCE-Wörter führt.
LAST ORDER, LAST ORDER PLEASE. Der nächste Tag ist Montag,
der 16. Juni 1981: Der berühmte „Bloomsday" von JOYCE. Im Buch
ein Donnerstag im Jahre 1904, an dem Bloom sein Haus verläßt,
um sich die Hammelnieren zum Frühstück zu kaufen. Ein Werk,
in zwei Bänden mit insgesamt tausendundfünfzen Seiten.
Und daß wir mit einem Taxi zur ECCLES STREET Nr. 7 fahren,
um uns das Haus von LEOPOLD BLOOM anzusehen: Die Vorgärten verwildert, mit Bierflaschen und Autoreifen gefüllt.
Das Haus Nr. 7 eine Ruine, die Tür entfernt und mit Wellblech verschlossen. Danach in die DUKE STREET Nr. 21, in der sich
das Lokal von DAVY BYRNES befindet, und darin BLOOM als
Odysseus, der hier sein Essen bestellte. LAST ORDER PLEASE...

Das sind Bilder, die zu verblassen scheinen. Stimulanzen für Chronisten
die in der Topographie des Buches nach Straßen und Pubs suchen.
Und zu dem Vorfindbaren gehört auch die BRIGHTON SQUARE Nr. 41,
mit dem Geburtshaus von JOYCE. Ein einstöckiges Reihenhaus
aus rotem Backstein im Süden Dublins. Oder DUN LAOGHAIRE,
die kleine Ortschaft mit dem Museums-Tower von JOYCE. Oder weiter
nach BRAY, zur MARTELLO-TERACE Nr. 1. Weiter zum Boat-Club,
in dem JOYCE (mit seinem Vater) singend und Gitarre spielend
sein Geld verdiente. Erlebtes und Geschriebenes. Partikel jeder Art.
Als letztes: JOYCE in Zürich mit übergeschlagenem Bein auf einem Sockel
sitzend, in der Linken ein Zigarillo, in der Rechten sein Buch.
Neben sich einen Eschenstock...

LONDON: SHERNESS, MARINE PARADE 26

Woher, wohin? Du kannst deine vier Wände verlassen, ohne
daß du dich aus deinem Haus, aus deinem wirklichen Dasein entfernst.
Genau besehen, beträgt die Entfernung von Dublin nach LONDON
nur eine einzige Buchseite. Und die von Mombasa nur drei.
„Fahret vorwärts ihr Reisenden. Fahret vorwärts, ihr, die zu reisen
vermeint...Auf welchem Weg auch immer, von wo immer du
ausgingst", schrieb T.S.Eliot in seinen Gedichten: 1888 in St. Louis
in Missouri geboren und 1965 in London gestorben. Und es gibt nur
weniges, was daran erinnert. Darunter Ezra Pound, mit dem er befreundet war.
Und eben diese Reise, die ich fast vergessen hätte: Anfang Dezember 1985.
Die Notizen verloren, die Materialien in Berlin. Anwesend nur
die zwei Lyrik-Bände, die ich seinerzeit in meiner Tasche trug.
Und manchmal in meiner Hand „das letzte Stück Erde, die zu
entdecken bleibt." Doch um ehrlich zu sein: Wir suchten nach TALBOT
und nicht nach der Biographie eines Lyrikers. Aber seine Gedichte
waren immer dabei! Auch bei der Fahrt nach LACOCK, wo es
TALBOT (1835) gelang, das älteste erhaltene Negativ der Welt herzustellen.
Das Abbild eines Erkerfensters, das wir (mit einer Camera obscura)
wiederholen wollten: Der Nachvollzug einer Idee, die wir schon lange
geplant hatten. Im Grunde alles Bewegungsabläufe, exotische
Chinoiserien, die an ELIOT ständig vorbeigehen mußten.
Auch die anschließende Fahrt nach GREENWICH, wo wir am NULL-
MERIDIAN die Umkreisung der Uhrzeit erprobten: Eine Metallschiene
der fiktiven Zeitgrenze, von der die Tageszeit über 180 Längengrade
hinweg, rund um den Erdball gleitet. Das schien mir wichtiger
als nach T.S. ELIOT zu suchen. Und auch TED HUGHES vergaß ich,
den sie jetzt zu Grabe trugen. Desgleichen YEATS, dessen Sekretär
einmal Pound war. Und all diese großen apokalyptischen Themen
ihrer autistischen Breughel-Figuren, die sie in schwerverständlichen
Versen beschrieben. Stattdessen ahmten wir TALBOT nach,
eine Camera obscura in den Händen, womit wir die Brücken der
Themse fotografierten. HIER, südöstlich von LONDON, an der

Themse-Mündung gelegen: SHERNESS. DIE MARINE PARADE Nr. 26, in der einmal UWE JOHNSON wohnte. Und hier fanden sie JOHNSON, (nach 19 Tagen und Nächten) „zusammengebrochen im Pyjama auf dem Boden in einer Blutlache liegend. Auf dem Tisch zwei leere Rotweinflaschen" (wie Unseld notiert). Nicht weit vom Haus entfernt die ALMA ROAD Nr. 1, der Pub „THE NAPIER" in den JOHNSON, Charles genannt, immer sein Bier trank. Für sich allein und unerkannt. LONDON also. Nur wenige Buchseiten von Mombasa entfernt: „Vom grauen Stein ganz aufgesogen", schrieb ELIOT. Das einzige was zurückblieb, sind die Camera-obscura-Fotografien aus dem Garten der LACOCK ABBEY. TALBOT zuliebe.

DHARAMSALA: SEMKYE LING

Es gibt Reisen, die zur dir zurückkehren. Die sich eine
Handvoll Sinn herausgreifen und sich wieder verflüchtigen,
als wäre nichts geschehen. So passierte es, daß Einer den ich
im Himalaya aufsuchte, plötzlich in umgekehrter Richtung
zu mir in mein Land kommt: Es ist TENZIN GUATSO, seine
Heiligkeit der 14. DALAI LAMA, der in Schneverdingen in der
Lüneburger Heide „BUDDHAS WEG ZUM GLÜCK" lehrt. (450,- DM)
Heute ein ehemaliges Militärcamp, in dem vor Jahren
noch die Soldaten mit ihren Panzern die Heide umpflügten.
Diesmal ist es eine Reise, bei der du dich nicht von der Stelle bewegst.
Es genügen vier Schluck Wasser zur Reinigung der Seele, des Körpers,
der Rede und des Geistes. Zwei Grasbüschel unter der Matratze für
klare Träume. Anders meine Reise in den 70er Jahren, als ich
von DELHI kommend, in das nördliche DHARAMSALA fuhr,
um dort den DALAI LAMA zu treffen. Für mich ein Feature wie viele
andere: Ohne Frömmelei, ohne Zuflucht, ohne Erleuchtung.
Also wandern wir weiter, jeder eine halbe Kalebasse Wasser bei sich,
wie es Bruce Chatwin beschrieb, der Nomade aus Patagonien.
Was im Gedächtnis haften blieb: DHARAMSALA. „Little Lhasa",
in 2200 Meter Höhe gelegen. Sitz der tibetanischen Exilregierung.
Für viele ein Hort der Spiritualität, der Weisheit und der Harmonie.
In der Nähe der Flüchtlingshütten die Residenz des DALAI LAMA.
Pilger, die den Tempel umkreisen und die Gebetstrommel drehen:
OM MANI PADME HUM/ O DU KLEINOD IN DER LOTUSBLÜTE.
In der Mitte des Ortes der heilige NAMGYALMA STUPA, von Gläubigen
umwandert, die mit flacher Hand die Gebetsmühlen entlang
streifen: OM MANI PADME HUM.. Eine eiskalte Nacht,
in der wir angezogen im Schlafsack in einer Herberge liegen.
Und jetzt das Gedicht als Suche und Exploration. Die Erkenntnis,
das Reisen und Schreiben eine einheitliche Suchbewegung darstellen.
Wozu wir geladen waren, war das LO-GSAR-Fest, das Ende des buddhistischen Jahres, das am frühen Morgen am Dach des Tempels gefeiert

wurde: Der DALAI LAMA, auf einem gelbdrapierten Thron.
Umringt von 40 betenden Mönchen. Schlagtrommeln, Tuben,
Trompeten, Tschninellen. Und das größte Ereignis: Die Sonne,
die sich über die schneebedeckten Himalaya-Spitzen schob
und dem DALAI LAMA als einzigem auf dem Tempel voll in das
Gesicht schien: Ein Sonnenstrahl, der das Idol berührte!
Damals ein 42 jähriger Gott. 14. Reinkarnation des Schutzheiligen.
Vom Orakel bestimmt, von den weisen Männern Tibets entdeckt.
Die Erschaffung der Erde: Buddha als Flamme, die einer Lotus-
blüte entspringt. Was mir gefällt, aber nicht meinem Glauben entspricht.
Dann endlich die Privat-Audienz: Der Fremde als Eindringling,
der mit dem DALAI LAMA eine weißseidene Glücksschleife tauscht.
Um meine Schultern das Aufnahmegerät und über dem Ellenbogen
zwei Mikrophone hängend – eine groteske Art sich einem Gott zu nähern.
Ich sehe das Antlitz eines Menschen, das zugleich das Antlitz eines
Gottes ist: Damals noch ein Privileg und heute ein Allerweltsereignis.
EIN GOTT ALS METRUM. Mit beiden Füßen auf der Erde stehend.
Aber zurück in die Lüneburger Heide: SCHNEVERDINGEN, Ende Oktober.
10000 Menschen, die mit dem heute 62 jährigen DALAI LAMA
„BUDDHAS WEG ZUM GLÜCK" suchen. Ein achtfacher Pfad zur
Überwindung des Ich (das ich behalten möchte). Aber allesamt
Reisende. Auch dieser charismatische Kopf. Der Erleuchteste unter
allen Erleuchteten. Mit einer Kalebasse in die Weite wandernd.

MEXICO CITY: HOTEL GUADALUPE

Warum die Tarahumaras? Warum die Eroberung Mexicos?
Es war CORTES mit seinen Leuten:"Ein Meer von hin- und her-
schaukelnden Karavellen." Das alles waren Bilder der Anfänge.
Was dann folgte, waren die Selbstversuche. Hinterlassenschaften
gelesener Bücher. Und was ich in immer neuen Anläufen versuchte
und in einer möglichst geradlinigen Wegstrecke zu erreichen
hoffte, war der jeweilige Entstehungsort dieser poetischen Werke.
„Warum also ist er nach Mexico gekommen?" fragte mich
ARAGON, der den 40 jährigen ANTONIN ARTAUD 1936 beherbergte.
41 Jahre später wiederholte ich seine Reise (im Mai 1977), zwei Flüge
die mich von Frankfurt über Island und Grönland nach MEXICO
CITY und von dort weiter nach CHIHUAHUA brachten. Was davon blieb,
waren die großen treibenden Eisberge, über die der Schatten des Flug-
zeugs glitt. Die verschneiten Wälder Kanadas. Aztekische Trümmer.
In die Tiefe gesunkene Altäre. Der ZOCALO. PLAZA GARIBALDI.
„Ich bin nach Mexico gekommen, um mit der roten Erde Kontakt
aufzunehmen", schrieb ARTAUD. Ein Poet, der das Fieber,
das Delirium und die Raserei der Droge liebte. Und was er suchte,
war der indianische Geist, der mit Hilfe seiner Droge überlebt.
Für ihn ein alchimistisches Prinzip, an das er geglaubt hat.
Ein Visionär, ein Exzentriker, der an sich selbst verbrannte,
und der diesen inkarnierenden Kakteensaft selbst versuchen wollte.
An was ich mich erinnere: Der Flug über die rote SIERRA MADRE:
Über dir roten zerklüfteten Canyons. CHIHUAHUA, die Stadt
von PANCHO VILLA, der Tiger des Nordens, der mit ZAPATA kämpfte.
Eine Wegstrecke von drei Stunden, für die ARTAUD im August 1936
etwa zwei Tage benötigte, weil er das Maultier benutzte: Endlich
AUF FREIEM FUSS. Endlich heimatlos geworden. Allen Ballast abgeworfen.
Und vor sich: DAS FERNE INNERE. DER KOSMOS DER
ENTZIFFERTEN HIEROGLYPHE. Die Spiritualität des PEYOTL-Ritus.
Und hier sah ich sie: Die TARAHUMARAS. Zwischen den Cowboys
und Campesinos die kleinwüchsigen Männer mit weißem Stirnband.

Dann weiter die Landkartenstraße entlang. An Rinderherden,
an Gold- und Silberminen vorbei nach CREEL. Ein Ort, der aus
den epileptischen Zuckungen ARTAUD'S stammt: SeineTarahumaras,
von ihrer Droge zerstört und verwahrlost, wie sie bettelnd
und apathisch an den Rändern der Straßen hocken. Vorbei.
Und ARTAUD:"Sonnen, die sich wie gewaltige Zahnräder drehen."
Ein züngelndes, stigmatisiertes Gehirn für die Psychatrie.
Und natürlich: „ES GIBT ZEICHEN IM DENKEN", Mittel und
Merkmale des Erkennens – und auch jenseits der diskursiven
Vernunft – aber wer ist schon fähig dazu, sie zu begreifen? Vorbei.
Warum also Mexico? Für ARTAUD eine Metapher, die zur Erfindung
der Poesie diente: Das einzige Mittel er selbst zu sein „und es gänzlich zu
sein."

NOROGACHIC: CULIACAN

Erinnern. Vergessen. Das Gedicht bedeutet Stillegung, Eintrübung
oder Auslöschung des Gedächtnisses. Und je mehr du
die Erinnerung beschwörst, desto unwahrscheinlicher wird sie.
Von Dublin nach Dharamsala. Und von dort nach MEXICO:
Das sind 4 Gedichte und du bist angekommen. Und noch
immer ARTAUD, der bizarre Prophet, das Leitmotiv dieser Reise.
Kein Hunger nach Leben, des Lebens gewiß. Es herrscht kein Mangel daran.
An den Hängen die Hütten und Höhlen der TARAHUMARAS.
Schwarze Kühe und Schafe davor. Hier hat sich ein Volk
zurückgezogen. Hier verbirgt sich ein Volk weil es betrogen wurde.
Und zwischen ihnen ARTAUD: Für uns eine Kultfigur. Eine exotische Chemikalie, ein Phantom der Psychatrie. Ein widerständiges Fleisch, das über ein eigenes Sinnsystem verfügte.
Seine Wörter weisen in viele Richtungen und sind in alle Winde
zerstreut. Aber immer noch auffindbar. Ohne feste Konsistenz.
In der Missionskirche von CUSARARA die bärtigen Missionare,
die die WILDEN noch immer zu bekehren versuchen. Sie integrieren ihre Riten und zerstören den Rest. Es gibt keinen Sonnengott und keinen Mondgott mehr. Und selbst der Gott des
PEYOTL wurde verboten: Du konntest ihn atmen und singen hören
bevor seine Seele entwich. „Ein großer weißer Vogel, wie Sperma,
das sich drehend in die Luft bohrte." Ein Wahnbild, das zutraf.
Und noch heute sehe ich die Tarahumaras, wie sie in den Straßen hocken,
in Decken gehüllt, in den Händen einen Krug mit TESGUINO.
Des Umherziehens müde. Dem PEYOTL entrissen, heißt dem Transzendenten entrissen. Den eigenen Mythen entfremdet.
Wem gehört diese Welt? Sie wissen es nicht. Und selbst ihr Häuptling
zuckt mit seinen Schultern, denn er will es endlich vergessen.
Und dann nach NOROGACHIC: Weißer, hochgewirbelter Staub,
der alles stillegt, eintrübt und auslöscht, was du gesehen hast.
Man tupft mit dem Finger auf eine Landkarte und ist angekommen. Es ist der entfernteste Ort, den ARTAUD jemals

beschrieben hat. Und wo er den Ritus der Könige von Atlantis erlebte. Zwanzig oder dreißig Blockhütten. Eine Kirche, eine Schule und eine Klinik für die Tarahumaras. Zwei Missionsschwestern ELISIA und AQINIA. Und ja, er wußte es: DIE SCHÖNHEIT IST KONVULSIV! Die Schönheit ist so „groß wie eine Muschel und gut in der hohlen Hand zu halten." Unvergessen das Geläut der Missionsglocke, die er selbst noch hörte. Was dann folgte, war die Fahrt nach LOS MOCHIS am Golf von Kalifornien. An den geheimen Landepisten der Drogenhändler vorbei.
ARTAUD gedenkend, der vom göttlichen Peyotl zerstört, von Elektroschocks gepeinigt, träumend und dichtend am Elend der Welt verendete.

OAXACA: HOTEL MONTE ALBAN

Wolken wie Korridore. Ein Kontinent, der in Minuten überquert wurde: Linkerhand die Bahamas, Kuba und Yucatan, rechterhand der Golf von Mexico. Ein Landkartenblick, der geblieben ist. Nein, es ging nicht um OCTAVIO PAZ. Es ging um ein Pseudonym, das zum Phantom, zur Legende wurde und B. TRAVEN hieß. Ein zehnstündiger Flug. In ORLANDO die Zwischenlandung. Und NEIN, es war nicht seine Literatur, die mich auf den Weg brachte, es war das Territorium seines vermuteten oder tatsächlichen Aufenthalts. Es war das Schöpferische seiner biographischen Erfindungen. Das gefälschte Netz seiner Fährten und Spuren das mich anlockte. Ein Autor, der allen entkommen war. Der sich aus der alten Welt entfernt hatte und sich aus den äußersten Rändern des mexicanischen Urwalds wieder zurückmeldete. Namen und Herkunft viele Male wechselte. Sich in zwanzig oder dreißig fremden Lebensläufen versteckte. Unerkannt und unauffindbar für alle. Also deshalb ein zweites Mal nach MEXICO-CITY: HOTEL FLEMING, das ich schon von ARTAUD kannte. Es war der 24. Februar 1981. Eine Zeitlupenstunde bevor du zu schlafen beginnst. Spurenlesen heißt, Zeichen zu lesen. Die Ortsnamen seiner Romane als Wegmarken. Als richtungsweisende Merkmale, denen du folgen mußt: Als erstes die Fahrt nach TEOTIHUACAN. Und als nächstes die Fahrt nach TULA, der ehemaligen Hauptstadt des Tolketenreiches. Und hier begegnest du QUETZALCOATL, der gefiederten Schlange, fünfter Tolketenkönig, der TULA verließ und von den Indianern mit dem eindringenden CORTES verwechselt wurde. Aber um auf die Spur von B. TRAVEN zu kommen, mußt du nach YUCATAN fliegen und die dortigen Bilder mit seinen Fotografien vergleichen, die er unter dem Namen TORSVAN 1926 in Zeitschriften und Büchern veröffentlichte: Haciendas und Bohrtürme, und vor allem die Indios, denen er in Chiapas begegnete. Das Reisen als Lebensform. Und was zählt, sind nicht die Ziele, sondern die Wege dahin. DAS FREMDE IN DIR.

Die Talsohlen und Steinwälle, die noch nicht kartografiert sind.
War er ein amerikanischer Seemann? Ein mexicanischer Plantagen-
arbeiter? Ein norwegischer Auswanderer? Ein Ingenieur
oder ein Fotograf? Der mexikanische Staatspräsident MATEOS
oder sogar ein unehelicher Sohn von Kaiser Wilhelm des Zweiten?
Alles war möglich. Und jeder Journalist entdeckte ihn auf seine Weise.
Alles in allem zählten sie 27 falsche Namen. Siebzehn Bücher, die er
inzwischen geschrieben. Und eine Gesamtauflage von 30 Millionen
Exemplaren, über die gesamte Erde verbreitet.
Was ich mir damals notierte, war die Durchquerung von Mexico
an einem Sonntagnachmittag. Die Fahrt vom Pazifik zum Atlantik
für die wir sieben Stunden benötigten und die durch die SIERRA MADRE
hindurchführte. Und Felsen und Wolken wie Korridore. Und daß die Sehnsucht
schwindet, wo kein Geheimis mehr ist.

MEXICO-CITY: CALLE MISSISSIPPI 61

Und endlich CAMPECHE: Die Stelle am Meer, wo QUETZEL-
COATL, von TULA kommend, auf seinem Floß in das offene
Meer trieb. Und wo der Eroberer CORTES, von Spanien kommend, mit
seinen Leuten das fremde Land betrat. Eine Fremde bis Heute.
Denn es gibt Bilder, die der Reisende schon im voraus erblickt
und auf die er sich zubewegt, sofern du nach TRAVEN suchst.
Routen und Entfernungen, die nur aus den Wörtern deiner
Lektüre bestehen: Orte und Wege, die nur der Plastizität der
gelesenen Worte entsprechen. So war es mit PALENQUE und so ist
es mit CAMPECHE: Dort die Bohrtürme, die Raffinerien und
Öltanks neben den strohgedeckten Hütten der Indios und hier
das Meer. Der Strand von QUETZELCOATL und zugleich der Strand
von CORTES, der weiße Gott, der seinen Thron besteigen durfte.
Alles Schauplätze, die mit deinem geographischen Wissen nicht
übereinstimmen. Metaphorische Räume, die du zum
erstenmal betrittst. Die der Indianer wegen und des Schreibens
wegen von TRAVEN erfunden wurden. Und die sich unaufhörlich
weiter verändern, je weiter du dich von seinen Büchern entfernst.
Angefangen hatte es mit den Manuskripten „Die Baumwollpflücker"
und „Das Totenschiff", die er 1925 und 1926 der Büchergilde
nach Deutschland schickte. Als Absender: Tampico, Postfach 972.
Alles Schlupfwinkel, die du entdecken kannst. Markierungen,
wo die unzusammenhängenden Lebensläufe zusammentreffen.
Irrwege und Abwege mit zickzackförmigem Aussehen.
Einer, der aus den vielen Namen herausragte, war HAL CROVES:
Der Beauftragte von B. TRAVEN, der bei der Verfilmung seiner Romane
als Berater mitwirkte, aber in Wirklichkeit B. TRAVEN selber war.
Das gleiche bei TORSVAN, dem Ingenieur, der 1957 ROSA ELENA
LUJAN heiratete und die HAL CROVES zu den Premieren seiner Filme
begleitete. Erreichbar durch das Postfach 378 in Mexico-City.
Doch was ich bis heute vergessen hatte, war der zweitausendjährige
Sobinobaum in TULA. Waren die 30 riesigen Basaltschädel

der OLMEKEN in VILLAHERMOSA. Die brüllenden Affen aus dem Dschungel von PALENQUE: HOTEL DE LAS RUINAS. Und auch dieses Bild: Die Pyramiden, die CORTES übersehen hatte. Der Reisende wird zum Anthropologen des Augenblicklichen. Schreiben (oder Lesen) ist nichts anderes als der Wunsch, EINEN RAUM FÜR SICH ALLEIN ZU HABEN. Und so erging es auch B. TRAVEN. Ein Pseudonym als vierzigjährige Maske, hinter der er ganz für sich alleine bleiben konnte. Gestorben am 26. März 1968. Und daß sie seine Asche über den Wäldern von Chiapas verstreuten. Sein letztes Versteck war die CALLE MISSISSIPPI Nr. 61, in der ich ROSA ELENA LUJAN besuchte.

MOSKAU: HOTEL BERLIN

Alles hat seinen Anfang. Auch der Trieb der Fortbewegung.
Es gibt Namen, deren bloße Nennung schon „den Geschmack
von Ferne herbeiführen." Namen wie dieser: BLAISE CENDRARS.
Ein Klang, der Bilder hervorruft, die du mit dir herumträgst.
Bilder als Behausungen, in denen du wohnen kannst. Eine dieser
Behausungen war sein „Poem vom TRANSSIBIRISCHEN EXPRESS."
Ein Gedicht von CENDRARS, das zur Triebfeder meiner Reisen wurde.
Das mich aus meiner Seßhaftigkeit herausriß und in einen
Nomaden verwandelte. Von einem Ort zum anderen wandern ließ.
Fürs erste eine Fahrkarte für 1.396 DM und ein Rückflug-Ticket
von TOKIO nach BERLIN für 1.300 DM: Feature-Einzelheiten,
die für ein Gedicht ohne Wert sind. Anders dagegen die erste ruckhafte
Bewegung des Zuges, als er den JAROSLAVER Bahnhof verließ.
Ein Aufbruch, der immer noch andauert. Der mich seinen Wörtern
entgegentrieb. Der Fährte seines Buches folgend, das er 1913 als
Sechsundzwanzigjähriger in PARIS geschrieben haben soll.
Reisen heißt die Überwindung von Innenräumen, was ich damals
nicht wußte. Und daß die Ferne der Wörter nicht dieselbe
Größenordnung hat, wie die Ferne in Kilometern bemessen.
Seinerzeit eine 7000 Kilometer lange Reise von Moskau nach
Charbin, bei der CENDRARS einen Juwelenhändler begleitete,
der 34 Koffer mit Schmuckwaren aus Pforzheim bei sich hatte.
Aber zurück zu mir selbst, zu meinem eigenen TRANSSIBIRISCHEN
EXPRESS. Zu dieser ersten ruckhaften Fortbewegung des Zuges:
am 14. Juli 1976, Waggon Nr. 11. Abteil Nr. 6. Platz Nr. 20.
Alte, vergilbte Notizen. Woran ich mich erinnere, ist diese hin- und herschlingernde Bewegung des Zuges, dieses regelmäßige Klopfen und
Schlagen, das zum Rhythmus des eigenen Herzens wurde. Der Weg zum
Speisewagen bedeutete, daß ich 22 Türen öffnen und schließen mußte.
Erinnerungen wie ein Grundriß mit Kreide gezeichnet.
Rückwärts zu dichten ist mit Verlust und Trauer verbunden.
Die Frage ist, was ich gesehen und was ich davon behalten habe.

Draußen die Landschaft mit Birken und Tannen. Die blau oder
ocker gestrichenen Holzhäuser. Birken, Sümpfe, Birken, Sümpfe.
Und immer wieder LENIN: Die linke Hand in der Hosentasche,
die rechte Hand zwischen die Knöpfe seiner Weste gepreßt.
Unzählige Einzelbilder. Poesieresistente Partikel als Wegzehrung.
Ich sah entgegenkommende Züge mit sibirischen Eichen beladen.
Die russischen Fahrgäste in blaugestreiften Schlafanzügen.
Manchmal ein Halt des Zuges auf offener Strecke und du hörst
die Frösche aus den Tümpeln der Sümpfe. Und du hörst sie noch jetzt.
Neben den Gleisen die alten Frauen, die Beeren, Fische und Pell-
kartoffeln anbieten, in das Papier der Prawda gewickelt.
Und du ein Nomade wie CENDRARS, der wie Kain auf Erden umherzog.

IRKUTSK: HOTEL SIBIRIA

Alles ist da. Die Bilder im nachhinein. Alles kann ein zweites
und ein drittes Mal geschehen: BLAISE CENDRARS, der dir den Weg weist.
Damals hatte ihm der Juwelenhändler einen neuen Anzug und
einen vernickelten Browning gekauft. Ein Nomade, der in Zelten wohnte.
Aber zurück zu mir selbst: Ich lese Tschechow, Gorki und Gogol.
Notiere die Namen der Stationen und die dazugehörende Uhrzeit.
BARABINSK, die 17. Station. NOWOSIBIRSK, die 18. Station.
TAIGA, die 19. Station. MARNISK, die 20. Station. BOGOTO, die 21. Station.
Kaum zu glauben, daß es auf der 9297 Kilometer langen Strecke
zwischen MOSKAU und WLADIWOSTOK an die 100 Stationen gibt.
Ich sehe ein Foto von Majakowski, der in der Stierkampf-Arena
von Mexico-City steht. Ein zweites Foto: Wie er zwischen den
Wolkenkratzern von Chicago steht. Und unablässig das
Kreischen der Räder, der Pulsschlag des Zuges auf wirbelnden Rädern.
Wer die Transsibirische Eisenbahn benutzt, ist ein Triebtäter
der Ferne und Fremde wie CENDRARS. Ein Pilgerreisende der Wörter.
„Ich gehe fort, um zu verrecken" schrieb Tschechow und fuhr über
Berlin nach Badenweiler. Der Waggon, in dem seine Leiche nach
Rußland zurückkehrte, trug die Aufschrift „FÜR AUSTERN" und war
mit Eis gefüllt. Alte vergilbte Notizen, die ich kaum noch lesen kann.
Ich sehe uniformierte Frauen mit Orden. Kahlgeschorene Soldaten,
schlitzäugige Mongolen, Tscherkessen, weißhaarige Greise.
Alles ist da. Und immer wieder LENIN vor den Bahnhöfen, die
eine Hand in der Hosentasche, die andere zwischen den Knöpfen
seiner Weste. Die Uhrzeit von Moskau bestimmt das Land.
GOGOL nimmt keine Nahrung zu sich, verbrennt seine Manus-
kripte und stirbt am 21. Februar 1852. GORKI hob seine rechte Hand
und strich zitternd über die letzten Worte von Tschechow.
Die Gegenzüge enthalten Erz und Kohle, bewaffnete Soldaten mit
Schäferhunden. Traktoren und Panzer. Riesige Baumstämme.
Der TRANSSIB erreicht die 31. Station, die TULUN heißt. Drei Stunden
später halten wir in SIMA, der 32. Station. 4941 Kilometer von MOSKAU

entfernt. Wir trinken SCHAMPANSKOJE, Wodka und Portwein.
Und immer wieder BLAISE CENDRARS mit seiner kleinen Jehanne
de France vom Montmartre: Ein Produkt seiner Einbildungskraft.
Die Landschaft bleibt unverändert, als würden wir im Kreis fahren.
Dann die 35. Station: IRKUTSK. 0 Uhr 30. HOTEL SIBIRIA.
Unsere einzige Atempause, um den BAIKAL zu sehen. Die Zedern-
wälder am Ufer, wo sie den Bären jagen. Den Zobel, den Bisam, den Fuchs.
Die Erinnerung ist die Kunst des Gewesenen. Der Ariadnefaden
durch die Innenräume – was ich damsls nicht wissen konnte.
Und noch heute – fast 30 Jahre danach – dieser gleiche klopfende Rhyth-
mus des Zuges, während ich schreibe. Alles ist da. Die Bilder im nachhinein.

NACHODKA: YOKOHAMA

Eine Reise, die sich beschleunigt! Und das Sichtbare ein
Provisorium an Grenzen und Territorien, die du wieder vergißt.
Und nirgendwo die Sicherheit, daß der längste Weg auch der
brauchbarste ist. Daß es die Kontinuität eines zusammenhängenden
Ganzen gibt. Also IRKUTSK, wo wir den darauffolgenden Tag
um 0 Uhr 30 den nächsten TRANSSIB besteigen. Jedes Detail
gleicht dem Detail davor: Deine Hände kennen Türen und Fenster.
Der Rhythmus ist derselbe, das unablässige Kreischen
und stoßen der Räder. Stoß und Gegenstoß. Und plötzlich wieder
LENIN: Die eine Hand in der Hosentasche aber mit der zweiten Hand
siegesgewiß in die Ferne deutend. Was ist geschehen? Und wozu?
Draußen die Berge der Chinesischen Grenze. Die Fahrgäste liegen
auf ihren Betten und blicken gelangweilt durch ihre Fenster.
Und wer ist schon ein Experte für die Wirklichkeit? Wie stellt
man sie her? Und wie hält man sie fest? „Die Bahnhofsvorsteher
spielen Schach, Tricktrack, Billiard, Karambolagen, Parabeln",
so beschrieb es CENDRARS: „Der Zug rückt vor und die Sonne rückt
mit." Die 41. Station ist PETROWSKI SAWOD: LENIN mit acht
Dekabristen auf einem Sockel stehend. Die 32 Telegraphendrähte
sind endlich zerrissen, die Masten vom Sturm zerbrochen. Gespräche, wozu?
Eine Reise, die sich beschleunigt. Und irgendwo auf der Wegstrecke
BLAISE CENDRARS, DER TRANSSIBIRISCHE HOMER, (wie ihn
Dos Passos nannte), wie er mit seinem vernickelten Browning spielt.
Wir überqueren den AMUR und halten auf der 66. Station.
Ich sehe Tolstoi an seinem Schreibtisch sitzen. Ich sehe ein Foto des
Panzerkreuzers Potemkin. Ein drittes Foto: EISENSTEIN
in Mexico. Und weit in der Ferne: Die Steppenfeuer der Taiga.
Eine Reise der poetischen Praxis willen. Der eigenen Veränderung
willen. Der TRANSSIB erreicht die 68. Station: Kundur.
Die 69. Station: Oblutschje. Die 70. Station: Iswestkowja. Die nächsten
BIRA und BIROBIDSCHAN. Die 74. Station ist CHABAROWSK, die
letzte dieser Strecke. Wir müssen die chinesische Grenze entlang

durch dampfende Tropenwälder. WLADIWOSTOK ist gesperrt.
Alles Nivelierungsvorgänge. WIRKLICHKEITSVERKÜRZUNGEN.
Entfernte Orte in einem weitentfernten Gelände der eigenen Sprache.
Ich höre Radio Peking, Radio Tokio und den Militärsender Shanghai.
Wir sind in neuen Tagen über 10000 Kilometer gefahren.
Im Lautsprecher des Waggons berichten sie über das Sojus-Apollo-Treffen.
Und plötzlich NACHODKA! Meine erste biographische Reise hat ihr
Ende erreicht: CENDRARS wegen. Und wir betreten das „BAIKAL",
mit dem wir weiter nach dem entfernten YOKOHAMA fahren. Kabine 824.

NEW ORLEANS: ST. PETERS GUEST HOUSE

Plötzlich der Einbruch von Fremdheit: Der übergangslose
Wechsel aus der Welt der Wörter in die reale Welt der sichtbaren
Gegenständlichkeit. Die räumliche und physische Präsenz der beschriebenen Bilder: Das FRENCH QUARTER mit niedrigen Backsteinhäusern, Balkonen aus Gußeisen. Magnolien und Glyzinien.
Die Erinnerung als szenische Installation. Beutestücke bis heute.
Es ist der 19. August 1986: Ich bin mit einer PAN AM von Berlin
nach Frankfurt, und von dort mit einer zweiten PAN AM nach Dallas,
und von dort mit einer dritten PAN AM nach New Orleans geflogen.
Ein 10-Stunden-Flug, weil ich ein Buch liebte. Oder besser, weil
ich den Herkunftsort des Buches liebte: HANNIBAL. Das grüne
Arkadien: „Die weißen Häuser im Sonnenschein." War es so?
Eigentlich hieß er SAMUEL LANGHORNE CLEMENS, der sich
später MARK TWAIN nannte. Und das bekannteste seiner Bücher
wird immer „HUCKLEBERRY FINN" heißen, weil es deine eigene Kindheit
beschreibt: „Strahlend frisch und bis zum Überströmen von Leben erfüllt."
Aber zuerst die Fähren, Frachter und Lotsenboote. Du sitzt auf
der Terrasse des RIVER WALK und blickst auf den Strom hinab:
Ein BOOMERANG sind zwei Brandy und ein blauen Curacao
mit gelbem Aprikosensaft. Und auch das ist Fremdheit und Ferne.
Einmal kamen wir von der ST. JULIA und gingen die TCHOUPITOULAS entlang und entdeckten das HOTEL MAISON ORLEANS,
in dem MARK TWAIN als Lotse wohnte. Lohnt es sich zu erinnern?
„Ein Lotse war damals der einzige ungebundene und vollkommen
unabhängige Mensch auf Erden", schrieb TWAIN. Tag und Nacht
auf einem der 2000 Dampfer unterwegs. Lohnt es sich zu erinnern?
Einmal hörten wir Jazz im MAISON BOURBON hockend,
10 oder 20 Ventilatoren über den Köpfen. Draußen die Touristen,
ihre HURRICANS in braunen Tüten versteckt. Die Straßen wie Korridore.
Dattelpalmen und Bougainvillean. Netze aus spanischem Moos.
Die Stadt ein vages, unmarkiertes Gelände, anders als Wörter.
Einmal saßen wir in der GOLDMINE in der ST. PETER-STREET und

tranken Miller-Bier (The Champagne of Beers). Ein zweitesmal
zu GAZEBO, des Klavierspielers wegen. Aber am schönsten
war es auf der „NATCHEZ", dem alten Mississippi-Dampfer mit
seinem roten, wassertriefenden Schaufelrad. An der Reeling
die Passagiere mit Cowboyhüten. Dazwischen ein alter Mann in
schneeweißem Anzug, der nach HANNIBAL wollte, wie wir.
Das sind Bildfragmente, dicht hintereinander geschnitten im schnellen
Cinemascope-Stil. Gut zu erkennen und schnell zu vergessen.
Aber der Weg nach HANNIBAL war eine Eisenbahnfahrt über ST. LOUIS (für
65 Dollar) und von dort mit dem GREYHOUND-Bus. War es so?

HANNIBAL: MARK TWAIN MOTOR INN

Statt strikte Wörtlichkeit, die bare Präsenz einer Landschaft:
Die Maisfelder und Erdnußfelder an beiden Seiten des HIGHWAY.
Die Farmer-Häuser mit Wellblech gedeckt. Die Telephonmasten
mit grünen Pflanzen bewachsen. Gelände, wie in Atlanten.
Immer ist die Ferne ein Ort, wo wir den Ursprung der Wörter vermuten.
Ein Areal voller Erdhügel, ein markiertes Gelände mit geographischen
Realitäten, das mit bloßem Auge gut zu erkennen ist.
Wir hatten in ST. LOUIS eine einstündige Flußfahrt mit HUCK FINN
unternommen, bevor wir den GREYHOUND bestiegen. Ein kleines
Buch von MARK TWAIN als Reiseführer. Kartographisch verschlüsselt.
Denn was er als St. Petersburg bezeichnete, war in Wirklichkeit das kleine
HANNIBAL. Damals ein Ort mit fünfhundert Einwohnern,
im nördlichen Missouri gelegen. Und wir: Zwei sinnenfreudige
und Polyglott-erfahrene Reisende, die im leeren GREYHOUND
plötzlich über die Brücke des Mississippi fuhren und sein Dorf erblickten.
Daheim in HANNIBAL! Für ihn eine magische Formel seit er ein Kind war.
Ein Hort der Glücksverheißung: „In jedem Gesicht lag Fröhlichkeit,
und in jedem Schritt lag federnde Kraft." „Die Robinien standen
in voller Blüte, und ihr Duft erfüllte die Luft" – so beschrieb er sein Dorf.
Unser Quartier: Das MARK TWAIN MOTOR INN (Zimmer 38 für 45 Dollar)
Und was dann folgt, ist das Wechselspiel des Faktischen und
Imaginären: Du gehst die HILL STREET hinab, als würdest du
seine Buchseiten durchqueren. Ales ist da. Sein weißes,
hölzernes Haus, in dem er geboren wurde. Das BECKY THATCHER
HOUSE, das kleine JUSTICE OF THE PLACE HOUSE, das HOUSE OF
THE PILASTER und GRANT'S DRUGSTORE. Alles ist da.
Für ortskundige Leser leicht zu erkennen: Die Literatur, die man mit
Füßen und Augen betritt. Und wie selbstverständlich: TOM SAWYER
und HUCKLEBERRY FINN, die zwei Symbolfiguren von TWAIN.
Der eine, der an die Wirklichkeit seiner angelesenen Welt glaubte.
Und der andere, der unzivilisierte Landstreichersohn, der sich
nur auf die Realität seiner Augen verließ. Zwei literarische

Kategorien, die uns bis heute erhalten blieben. Alles Formen
der Selbstbehauptung. Alles Überbleibsel. Alles Rückstände
einer ehemaligen Sinnstiftung, die inzwischen längst zurück-
genommen wurde. Und trotzdem: WIEDERFINDUNGEN einer
gealterten Kinderzeit, in der wir den Ursprung der Wörter vermuten.
Und so sah ich ihn am Ufer des Mississippi stehen: Ein weißge-
kleideter, weißhaariger Greis. Ein Lotse, der von Bord ging.
Ein Autoren-Ich, das von mir nur notdürftig kaschiert wurde.
Unvorstellbar, das MARK TWAIN im Winter 1891/92 hier in BERLIN
durch die schneebedeckten Straßen ging und vom Halleyeschen Kometen
erzählte.

RIO DE JANEIRO: HOTEL POUSO REAL

Sehen als Schreibarbeit. Und ein Gedicht ist ein Zwiegespräch mit dir selbst.
Ein Gespräch, das Abwechslung schafft und den autobiographischen
Monolog unterbindet. Jemand, der von Los Angeles nach Hannibal
oder RIO DE JANEIRO unterwegs ist, braucht einen Weggefährten.
Überhaupt dann, wenn JORGE LUIS BORGES das Objekt der Beschreibung
ist. BORGES, der durch die Straßen von BUENOS AIRES geht.
Das Hin- und Herbewegen seiner Pupillen, obwohl er im Dunkeln lebt.
Was er damals noch wahrnimmt, sind die schemenhaften Umrisse der
Gegenstände, die Fragmente entgegenkommender Gestalten und die dazu-
gehörenden Stimmen. Die Einverleibung des Hörbaren als Bildersatz.
BORGES hat gelernt, das Ertasten von Gegenständen und die Be-
rührungen von Menschen in eine Art Sprache zu zerlegen.
Am schlimmsten die Umarmungen, das Händeschütteln und Schulter-
klopfen von Fremden. BORGES, ein Dichter der Labyrinthe.
Ein Bücherwächter, der die Bücher seiner Nationalbibliothek nicht
mehr lesen kann. Bleibt dieses langsame, geduldige Tasten
der Hände, die das Pergament, das Leder oder die Leinwand der
Bücher berühren: Darunter nicht nur WHITMAN, POE oder TWAIN,
sondern auch CERVANTES, HEINE und DANTE. Bleibt dieses
Auswendiglernen klassischer Versmaße. Da ist die Tiefe der Bücherborde.
Und darin das verwundete Einhorn. Die Wasser des Heraklit. Der Wal,
der die Meere durchpflügt. Ein brüllender Tiger, der die Pferche plündert.
Damals flog ich vom 44. bis zum 68. Längengrad. Eine Flugstrecke
von 3000 Kilometern die quer über die Spitze Brasiliens und über
den mittleren Teil von Bolovien hinwegführte. Die Landung
in LA PAZ, in einer Höhe von 4000 Metern. Ein Wörter-Voyeur,
der nach der Herkunft von Wörtern forschte. Der in RIO und Nasca
war, in Lima und Cuzco nach der Brücke von Thorton Wilder suchte,
aber BUENOS AIRES niemals erreichte: Eine Reise, die ich immer versäumte.
BORGES, damals ein 84 jähriger, fast erblindeter Greis, wie er
mit seinen Händen über die Puma- und Kondorköpfe
des Tempels hinwegtastete. Alles Erkennen ein Wiedererkennen der

Fingerkuppen. BORGES der Wortschöpfer. Und neben ihm
HERAKLIT, sein Weggenosse, wie er mit ihm durch den Morgen schreitet.
Der Tag ein Hör- und Tastobjekt. Sein Haus zwischen Suipacha und
Esmeralda in BUENOS AIRES gelegen: Ein Stadtviertel der COMPADRITOS,
der berüchtigten Messerstecher. In der Ferne die schneebedeckte Andenkette,
aber das war schon mein Rückflug. Die Häuserschluchten von LA PAZ.
BORGES, der blinde Seher: Horchend statt sehend. Der SILESIUS und
TRAKL, der MORGENSTERN und HOFMANNSTHAL schätzte. Und vor
allem HEINRICH HEINE liebte. Und hier (in Deutschland) konntest du ihm
begegnen: Der erblindete BORGES, wie er mit seinen bleichen Händen
behutsam über die Möbel von HEINE tastete: Sein Einhorn war zurückgekehrt.

KYOTO: DAI-NI TOWER HOTEL

Ein Ich-Reisender, der sich erinnert: Die Wörter als Wegbereiter.
Jedes ein Stück des Weges, der die Fremde erträglich macht, dir deine
Ankunft erleichtert. EINER SPUR VON BLAISE CENDRARS FOLGEND,
bis du YOKOHAMA erreichtest. Alles nur Fremde und alles zum erstenmal.
Neugierig betrachtest du jeden Gegenstand, der dir entgegen blickt.
Und in 40 Minuten bist du in TOKIO. Jeder Waggon hat 6 Ausgänge,
8 Sitzbänke und 118 Haltegriffe. Du könntest beruhigt sein.
Wie jede Ankunft ist auch diese ein dichtes Gespinst aus Details.
Dich erwarten 1850 Schriftzeichen und du erkennst kein einziges.
Eine Übernachtung im HOTEL TAKANOWA kostet 7.260 Yen.
Der blaugestreifte Kimono ist ein Kleidungsstück, das dir Flügel
schenkt: Ein paar Schritte genügen und du schwebst über die
Dinge hinweg. Die Außentemperatur beträgt seit Tagen 47 Grad.
Jeder Blick von dir erfaßt hunderte oder tausende gleichgekleidete Passanten.
Ein Schnelldurchlauf von Masken, die sich nicht zu erkennen geben.
Im Restaurant der Luxusklasse gibt es gesottene Affen, frisch ge-
borene weiße Mäuse und Schlangen in ihrem Blut. Kniend
servieren die Geishas den warmen Reiswein auf schwarz-
lackierten kleinen Tischen! Es ist der 25. Juli 1975. Die Abreise von TOKIO
glich einer Flucht: Und der SHANKANSEN war behilflich dabei.
Noch heute gibt es verwendbare Erinnerungen daran, die
nach außen delegiert, eine gedichtähnliche Aufzählung möglich
machen: Der ersten Ankunft folgte eine zweite in KYOTO.
Ich erinnere mich an die zwei Shinto-Priester im Autobus, oder?
An die blinkenden Taschenlampen der Wahrsager, die
damit die ausgestreckten Hände der Passanten beleuchteten.
An die drei Zeilen eines Haiku aus 17 Silben. An die fünf
Zeilen eines Waka aus 31 Silben. Doch ihren Inhalt vergaß ich bis heute.
Was mich damals beeindruckte, war YUKI MISHIMA, der sich
1970 durch ein öffentlich angekündigtes HARAKIRI 45 jährig
das Leben nahm. Eine Poesie, die damals die Masken von den Gesichtern riß.
Der erste Tempel war für dich der HIGASHI-HONGANJI-Tempel.

Der zweite der NISHI-HONGANJI-Tempel. Der dritte der SANJU-SANGEN-
DO, die „Halle der 33": Und plötzlich stehst du noch heute
davor. Ein Heer von vergoldeten Holzfiguren. In ihrer
Mitte die „Tausendhändige Kannon." Es gibt schwarz, rot
und weiß gekleidete Mönche mit goldenen Blumenschärpen.
In den Gärten erzittert der Bambus und der Schachtelhalm.
Und nur die Himalaja-Zeder steht regungslos bis zum Abend,
als YASUNARI KAWABATA, noch einmal auf den Strand von
Yamakura blickend, durch das Einatmen von Leuchtgas aus dem
Leben schied. Als wir zum vierten Tempel fuhren, der CHION-IN hieß,
warfen wir uns auf den Rasen und wollten nur noch die Augen schließen.

HIROSHIMA: HOTEL HIRODEN

Noch immer CENDRARS: Meine erste Reise. Nicht ahnend,
wievielen Wörtern und Namen ich noch folgen sollte. Inzwischen
haben die Jahre die Stimmung aufgesogen, die Bilder atmosphärisch
entleert. Die Brüche eingeebnet. KYOTO ist nur ein einzelnes Wort.
Ein Stück Fremde, abgebrochen von der Welt. Ein Genen-Rest.
Die Aufzählung von Tempeln wie CHION-IN, KIYOMIZU oder RYONAJI.
Ich saß vor dem „Garten der kauernden Tiger" und vor mir die Felsstücke im wellenartig gerechten Kies, der die Wellen des Meeres
nachahmte. Und HIER begreifst du plötzlich die Flucht
aus dem eigenen Körper! Daß MISHIMA und KAWABATA
das Verbleiben im eigenen Körper nicht mehr ertragen konnten.
Und HIROSHIMA? Inzwischen eine Art Grauzone. Eingedunkelt bis auf wenige Umrisse. Die Distanz ist zu groß.
Geblieben ist der HEIAN SHRINI aus karminrotem Holz gefertigt.
Doch der Schönste von allen, war der KINK AKUJI-Tempel, wo das
Moos des Waldes von alten Frauen mit kleinen Besen gesäubert wurde.
Und noch ein Detail: Die Steinbilder des JIZU trugen weiße und
rote Kinderhemden. Und: In manchen Nächten hörtest
du noch immer das klopfende Geräusch der Transsibirischen Eisenbahn.
Aber das war schon in NARA: Die Stadt der zahmen Hirsche und Rehe
die in Läden und Restaurants eindrangen. Die Stadt mit
ihrem eigenen Urwald voller kreischender Vögel und Affen.
Dann noch ein Buddha, fast 20 Meter hoch und der HORYUJI-Tempel,
das älteste noch erhaltene Holzbauwerk Ostasiens. Das ist alles.
NEIN, es gibt keine Einheit der Erinnerung. Alles nur Stückwerk.
Geschichtslose Gegenwärtigkeit, die ich beliebig verwenden kann.
Aber noch immer AUF FREIEM FUSS, immer noch an verschiedenen Orten anwesend. Sich selbst überlassen. Und einer der Orte HIROSHIMA: Eine 30jährige Geisterstadt, in der du nicht atmen konntest.
Was ich davon zurück behielt, ist das Bild der Glasbehälter,
in denen sie die geschmolzenen Knochen und Uhren zur Schau stellten.
Die Kristallation der organischen Materie: Ein Zwischenzustand des vermeint-

lichen Aufhörens, sobald du den Tod erblickst.
Die Erinnerung eine Erinnerung des Vergessens. Des Vergessenwollens.
Und wieder begreifst du, DASS ES KEIN BLEIBEN MEHR GIBT.
Doch das Ende der Reise war das Sommerfest in FUJI. Ein Chrisanthemenfest mit Trommeln, Flöten und Zimbeln. Es gibt keine Sprache dafür.
Und der SAMURAI am Fernsehschirm erdolchte in rascher Folge seine vielen
Gegner. Der Reisende ist weit herumgekommen. Doch am schönsten waren
die Orte, die er niemals erreichte. Die er niemals verlassen mußte.
Aber noch immer CENDRARS: Vom Airport HANEDA nach Moskau zurück.
Unter den Tragflächen die sibirische Weite. Aber zuvor noch
der Gipfel des FUJIYAMA, den du schon wieder vergessen hattest.

BIG SUR – LODGE

Das Gedicht als öffentlicher Raum, den du beliebig betreten kannst.
Manchmal genügt die Wendung einer einzelnen Buchseite,
ein kurzes Zögern oder Anhalten und schon wechselt der Ort, das Land
und der Kontinent. Ein tiefer Atemzug und es ist vier Jahre später.
Statt KYOTO oder HIROSHIMA betrittst du jetzt SAN FRANCISCO.
Hier sitze ich also, BERLIN im Dezember. Und was sich jetzt im Gedächtnis
vergegenwärtigt, ist ein beliebiger Julitag im zurückliegenden 1979.
Talaufwärts. Talabwärts. Herantreibender Nebel, der die Wände
der Häuser schräg gegen die Straße drückt. Der Reisende auf
seiner Entdeckungsroute. Eine Route, die das eigene Ich des Suchenden
mit einschließt. Und das Ich wird zum Du, wird zum Reisepartner.
Die Aneignung der Welt mit Hilfe von Leitbildern. In diesem Fall
war es ein kleines Taschenbuch von HENRY MILLER, das ich bei Brentano's
in der SUTTER STREET kaufte. Damals ein Schritt über viele Koordinaten
hinweg: Ein zufälliger Fingerzeig und die Richtung war vorgegeben.
„UND DAS EINEM ÜBERALL AUGEN WACHSEN, IN DEN ACHSEL-
HÖHLEN, ZWISCHEN DEN LIPPEN, IN DEINEN HAARWURZELN, AN
DEINEN FUSSSOHLEN", schrieb einmal MILLER. Und genauso geschah es:
Jeder Schritt ein Schritt in die Wildnis. Augen an Händen und Füßen.
Auf dem Rasen von NORTH BEACH hockten die Dealer und Freaks.
Die Jesus-People und Black Power, die Hippies und Transvestiten.
Zwischen ihnen GINSBERG, LEARY und FERLINGHETTI. Die Gurus
der entgötterten Welt. Die einen wollten das Maximum, die anderen das
Minimum. Die GOLDEN GATE BRIDGE oder die CABLE CARS sind
keine Bilder mehr. Auch nicht ALCATRAZ, draußen im offenen Meer
liegend, das an AL CAPONE erinnern sollte. Was mir einfällt, sind die
winzigen Erschütterungen der Wände und Böden. Ein inwendiges
Zittern, das Glühbirnen und Schaufensterscheiben zerspringen ließ und das
die Seismologen nicht in Ruhe ließ. Aber da warst du bereits unterwegs.
Die CALIFORNIA Nr.1 entlang nach BIG SUR um HENRY MILLER zu finden. Vor der Windschutzscheibe die schwarze Steilküste, die aus
der Brandung heraus zum HIGHWAY emporwuchs. Mannshohe

Findlinge zwischen den Blüten. Die Namen der Orte nichts weiter
als ein kreisendes Geräusch in den Spiralen der Ohrmuscheln.
Eine besonders wirksame Form des Vergessens – oder der Auslöschung –
war die Beschreibung der entgegenkommenden Bilder: CARMEL, SALINAS
und MONTERREY. Die CANNERY ROW. Die Straße der Ölsardinen.
Wen wir suchten (und fanden) war EMIL WHITE, der schon 35 Jahre
in BIG SUR wohnte und mit HENRY MILLER befreundet gewesen war.
Und noch immer der vorwärtsblickende Reisende. Ein kurzes Zögern oder
Anhalten und schon wechselt der Chrysler mit einem Chevrolet
und die hochgewirbelte Staubwolke treibt wieder hinab in den Pacific.
Und das alles noch immer auf einer einzelnen Buchseite. Ein tiefer Atemzug
und du sitzt in einer Blockhütte und betrachtest den winzigen Kolibri.
HIER BLEIBEN UND WURZELN SCHLAGEN. HIER BLEIBEN FÜR
IMMER, für immer vorbei. Jetzt in BERLIN, im Dezember, während es schneit.

TRAVEL LODGE: SUNSET BOULEVARD 7370

Ein Buch als Wegbereiter? Seite für Seite öffnet es die Flügel
und trägt dich nach Süden hinab. Sieben Tage die CALIFORNIA
NR. 1 entlang, dem Meer entlang, als wärst du ein Kormoran.
Wer eine Fährte verfolgt, sucht seine eigene Gegenwart. Und keine Reise
ohne Hilfe des Zufalls: Denn auf der Suche nach PARTINGTON RIDGE,
entdeckte ich unter den 13 Briefkästen am Straßenrand
den Namen von HENRY MILLER. Symbol und Legende einer zurückliegenden Epoche. Für mich ein Markierungspunkt, der die
Welt überschaubar machte. Eine Reise der Wörter wegen.
Heute sind 68 Jahre Gegenwart eine lange Zeit. Und Wegbereiter
gab es soviele. Eine ganze Vernetzung kontinuierlich verlaufender Wege.
Und endlich: In einem der Gärten fanden wir VALENTINE, die
Tochter von MILLER. Es war das Haus am PARTINGTON RIDGE, das er
mit seinem Honorar vom WENDEKREIS DES KREBSES bezahlen konnte.
Und hier hat er gelebt: Der Einzelkämpfer, das Monster der Sprache.
Eine grüne Oase mit Agaven und Palmen, oberhalb des PACIFIC.
Die Verwurzelung des Einsiedlers und der Entstehungsort vieler Bücher.
Ein Paradies, lebenswerter als jedes andere, das er trotzdem
verließ. Flucht oder Verzweiflung. Richtung LOS ANGELES, Pacific
Palisades. Die Wörter mit Flügeln als Wegbereiter, ähnlich dem Kormoran.
Und weiter die Orte als seismographische Zeichen: LOS PADRES,
SANTA LUCIA, PACIFIC VALLEY, HEARST CASTLE. Das Meer
wie grüne Gelantine: Eine Außenwelt, die sich nicht erfinden läßt,
aber die immer noch anwesend ist und die ich mit mir herumtrage.
Die HENRY MILLER als Werkstatt nutzte und die sein Buch (in meiner
Tasche) überleben wird. Vorbei an den heulenden TRUCKS, an den
Ölpumpen, nach SANTA BARBARA. Seite für Seite mit geöffneten Flügeln.
Und endlich die Hügel der PACIFIC PALISADES von SANTA MONICA:
ALMOLOYA/OCAMPO DRIVE NR. 444. Ein weißes, zweistöckiges Haus
mit schwarzen Fensterläden. Das Haus, das HENRY MILLER gehörte.
Eine Spur, die den biographischen Endpunkt erreicht. Und den
ich auf meiner Landkarte mit einem Kreuz verzeichnete. Eine Spur,

die die Gegenwart ihrer Entstehung erreicht. Zwei, drei Tagebuchseiten
und ich konnte dem gesuchten HENRY MILLER gegenüber stehen:
Und da war es wieder, dieses Aufbegehren gegen die Welt, oder?
Dieses charismatische Abbild eines Prototyps. Dieser Gigant
von PACIFIC PALISADES. Der obszönste und wagemutigste Autor
des 20. Jahrhunderts. In Wirklichkeit eine kleine hagere Gestalt im roten
Schlafanzug und rotkariertem Morgenmantel. Vor sich herschiebend
einen Klinikstuhl auf Rädern, der ihm das Gehen erleichterte.
Aber immer noch fröhlich, ein Wegbereiter mit geöffneten Flügeln.
Und draußen die Lichterketten von Manhattan Beach, von Beverley Hills.
Seismographen, die die Bewegungen im Innern der Erde beobachteten.
Das Ende war HOLLYWOOD: Neun riesige Buchstaben im Grün der Hügel
stehend.

RUTHERFORD: RIDGE ROAD NR. 9

Um von KYOTO oder BIG SUR nach RUTHERFORD zu kommen benötigt
der Autor etwa 3 Tage Arbeit. Der Leser dagegen nur das Umblättern
einer einzigen Seite. Bei diesem Tempo sind die Jahrzehnte schnell vorüber.
Das Flugzeug eine B 727. Gewölk in Form von Spiralen, die vom Wind
in die Höhe geschoben. Darunter die Küste von Neufundland.
Farbige Erdschichten mit eingelagerten Flözen. So die Faktenlage.
Die erste Erfahrung des Reisenden ist seine Heimatlosigkeit.
Die zweite: Seine Hinwendung zum Leben. Zum Nomadendasein.
Wer seiner Vergangenheit entrinnen will, muß sie abarbeiten.
NEW YORK als Bilderrausch! Und noch immer die Blumensträuße
vor dem Dakota-Haus, wo ein Mörder auf John Lennon wartete.
Alles ist nah, alles ist heute. Wir sind von der 8. bis zur 42. Straße zum
GREYHOUND-Bus-Bahnhof und von dort nach RUTHERFORD gefahren.
Dorthin, woher die Worte von WILLIAM CARLOS WILLIAMS kommen.
Ein ehemaliger Kinder- und Frauenarzt. Nach der „New York Times"
der Schutzpatron der amerikanischen Dichtung.
Die Reise als Pilgerreise: Und ich wollte hin, aus welchen Beweg-
gründen auch immer. Das augenfälligste war eine kreisrunde
Theke in der NEW PARK TAVERN, wo ich zwischen den biertrinkenden
Männern eine hagere Gestalt in einem hellgrauen Gabardin-
anzug entdeckte, den sie DOC nannten. Der authentische DOC-
hier kannst du ihn finden. Hinter der Silhouette von RUTHERFORD
die Wolkenkratzer von Manhattan, Quecksilbersäulen des Lichts.
Sein zweistöckiges Holzhaus umgeben von kurzgeschorenen
Rasen, blühendem Flieder und Rhododendron. Schräg gegenüber
die FIRST PRESBYTERIAN CHURCH. Seine Nachbarn in ähnlichen
Holzhäusern mit weißen Säulen, Treppen und Veranden.
„Hier ist meine Wohnstatt, hier lebe ich. Hier bin ich geboren, dies
ist mein Amt." Du betrachtest die Stadt und glaubst in seinen
Büchern zu lesen. Seinen verblaßten, gealterten Menschen zu begegnen.
Darunter eine barhäuptige Negerin: „Blumen aufrecht tragend wie eine Fackel
so früh am Morgen." Eine Gedichtzeile, die ich WILLIAMS verdanke.

Aber im BOOK JUNCTION, dem einzigen Buchladen der Hauptstraße
suchst du vergeblich nach einem Gedicht von WILLIAMS.
Der Rest sind Bilder. Darunter das Namensschild seines Sohnes:
W.E. WILLIAMS, Kinderarzt wie sein 1963 verstorbener Vater.
Um von RUTHERFORD nach MANHATTAN zurückzukommen,
benötige ich danach nur eine halbe Stunde Zeit.
MEGALOPOLIS, der hundertfache Turm von Babel. Für die einen das
totgeweihte GOMORRA, und für die anderen das Jerusalem der Zukunft.
Das in diesen Tagen den 50. Geburtstag des EMPIRE STATE BUILDING
feiert. Und wehend der MILCHWALD über der White Horse Tavern.
Du könntest zur GREENWICH STREET NR. 130 gehen, wo einmal
EDGAR ALLEN POE wohnte. Oder besser: In die CENTRE STREET NR. 12
und dort in der Pension von Mrs. Chipman nach WALT WHITMAN fragen,
der dort einmal gelebt hat. Statt dessen betrachte ich die unberührbaren
Menschen, die sich in den Hotelhallen und Imbißstuben gegenüber sitzen.

MONTAUK: HOTEL MEMORY

Dieses abgelebte Leben! Dieses Verschweißen von Einzelbildern!
Zeitlebens bin ich den Spuren anderer gefolgt, jetzt verfolge
ich meine eigenen. Der verbleibende Rest sind Devotionalien.
Also noch einmal NEW YORK, Ende September 1982. An der Wand
des CHELSEA hängt noch das zersplitterte Cello von ARMAN.
Die Wirklichkeit entspricht der Wirklichkeit der Wörter.
Auf den Tischen der Halle zwei große aufrechtstehende Ventilatoren.
Der aufgewirbelte Staub als gleißender Lichtstreifen. Sich darin
von der Erde abzuheben setzt voraus, daß du zwei Flügel an
deinen Körper heftest. Stilistisch wäre das möglich, auch ohne
Larmoyanz. Vielleicht genügt auch die PENNSYLVANIA STATION,
Gleis 18, THE LONG ISLAND RAILROAD, der Richtung JAMAICA fährt.
Vorbei an dem Wurzelwerk der Graffitis, die aus dem Erdinnern
Manhattans bis in die freie Landschaft der Insel wuchern.
Vorbei an den Gebirgen flachgepreßter Cadillacs, die zu Hunderten
übereinandergeschichtet bis in die Sandhügel des Meeres reichen.
Das alles kannst du einweben in den Exorzismus deiner Erinnerung.
Den Dingen dadurch Bedeutung verleihen, in dem du sie beschreibst.
Die 17. Station dieser Strecke ist HUNTINGTON. Der Geburtsort
von WALT WHITMAN, der in diesem kleinen Holzhaus von WEST HILLS
geboren wurde. Nach soviel „anarchischen Überfluß" die Idylle.
Hier kannst du dich aufschwingen wie Ikarus zum Himmelsturz.
Ein Initialobjekt. Erbaut von seinem Vater, der noch mit
seinen eigenen Händen den Erdboden rodete. Den Ziehbrunnen
bohrte. Den Flieder pflanzte. Alles im Maßstab eins zu eins.
An was ich zurückdenke, sind die getrockneten Kräuter, die in
Bündeln an Türen und Deckenbalken befestigt waren.
An das grüne, metallisch leuchtende GRAS: „Die Fahne seines
Herzens", die der 36 jährige WHITMAN so zärtlich beschrieben,
gedruckt und verlegt hat. Ein ehemaliger Setzerlehrling,
der mit zitternden Fingern seine eigenen Wörter aus den
Satzkästen suchte. Ein ehemaliger 17 jähriger Dorfschullehrer,

der mit seinen Schülern Fische und Krabben fing. Ein literarischer
Stoff, der sich von selbst erzählt und einer wärmenden Decke
gleicht: „DEN NEUEN MENSCHEN SING ICH..EILE MEIN BUCH!
SPREITE DEIN WEISSES SEGEL..ERTASTE DEN PULS UNSERES
LEBENS." Und das weisse Segel noch heute:
Die Brüderlichkeit Amerikas besingend, wie kein anderer. Der Allergrößte vor POUND, vor GINSBERG und KEROUAC, WILLIAMS, OLSON
und CREELEY. Der Allererste, der allen vorauseilte, bis heute.
Ich bin seinen Wörtern entgegengereist, bin ihnen durch LONG
ISLAND gefolgt, dem indianischen PAUMANOK, das der
Gestalt eines Fisches ähnelt. Ein Erinnerungsdealer, der mit
Lebensläufen handelt. Und von Patschoque weiter nach MONTAUK,
das die 43. Station ist: Eine Erinnerungsspur, die sich hier mit der
Lebensfährte von MAX FRISCH kreuzt, der seinerzeit im GURNEY'S
INN wohnte. Am Strand die nebeneinandergereihten Sonnenliegen.
Vor der Loggia eine grüne Tischtennisplatte. LYNN, wo ist LYNN?
Ich sehe sie nicht. Aus der Masse des heranrollenden Ozeans die emporsteigenden Möwen und Albatrosse. Ein Erinnerungsgeräusch, das
die Ohrmuscheln hinab und wieder herausströmt wie Ebbe und Flut.
Und noch ein Wort für die weißharige ESTHER, in deren MEMORY
einmal die „Rolling Stones" wohnten: Amerika nach WOODSTOCK
und ALTAMONT. Unter dem Triumphbogen des WASHINGTON PARK
stand ein Klavier. Und in der St. Markus Church spielten damals
ORLOVSKY und GINSBERG auf ihrem Banjo. Das abgelebte Leben also.
Der verbleibende Rest sind Devotionalien für Glasvitrinen.
Darunter ein Flügelpaar, mit dem ich (fast wie ein Helikopter) nach
MONTAUK reiste.

GREENWICH VILLAGE: HOTEL EARLE

ALLES IST EINS. Alle Reisen scheinen mir nachträglich wie eine einzige.
Was war das Schönste? Das Beisichsein des Lesenden. Die Teil-
nahme am Netz der Wörter. Am Netz der Empfindungen, die vor dir
empfunden. Die den deinen vorauswaren. Oder NEIN: Das Schönste
war die Übereinstimmung von Sichtbaren und Lesbaren. Im Buch zu leben.
Das Vorwärtsbewegen der Augen, während wir über das Meer hinweggleiten.
Neben mir ein runder weißhaariger Schädel, der dem Schädel
von CHRISTOFERO COLOMBO gleicht: Ein Mann, der über die Wolken
hinwegblickt und die Küste von Neufundland betrachtet.
Die JAMAICA-BAY zum wievielten Mal? Ich weiß es nicht mehr.
Der allmähliche Übergang von der alten Welt in die neue Welt.
NEW YORK: Ein Kontinent aus hunderttausend Wörtern bestehend.
Downtown, Midtown und Uptown. Die ersten Schritte Probeschritte.
Die Erinnerungen werden wieder auf den neuesten Stand gebracht.
Werden wieder aufbereitet und einer neuen Verwendung zugeführt.
Dieses plötzliche Hiersein. Der Angekommene hört die Gitarren,
Flöten und Trommeln. Die kupfergrüne Statue von GARIBALDI
als Treffpunkt der Rollschuh- und Skateboardfahrer, der Obdachlosen
und Marihuana-Händler. GREENWICH VILLAGE, ein Reservat der
Lesenden. Die Wörter wie das Ineinandergreifen der Module.
Im Grunde weiß ich heute nicht mehr, ob ich WHITMAN vor oder
nach WILLIAMS recherchierte. Wann ich zum erstenmal oder
zum letztenmal über GINSBERG oder BURROUGHS schrieb. Alles
scheint eins. Ohne Zwischenraum. Ohne lineares Erleben.
Die Stadt ein schillerndes, geräumiges Erinnerungsmonster,
in dem du jedesmal von neuem zu suchen beginnst. Hiersein
und Dasein. Vor dir die Dome des Kapitals. Die babylonischen
Tempel, die Kathedrale von WOOLWORTH. Das Kopfsteinpflaster
der überschichteten Jahrhundertwende. ALLES IST EINS. Alles ist da.
Und hier hat er gelebt: Der Lyriker FRANK O'HARA. NebenGINSBERG,
OLSON und FERLINGHETTI einer der talentiertesten.
1926 geboren und 1966 tödlich verunglückt. Jemand der schaute.

Der schauend den Zeitstoff der Jahre bündelte. Und klingend
die Drahtharfe der BROOKLYN BRIDGE über uns, als wir in
JEREMYS ALE HOUSE an der Theke stehend, den Columbus Day feiern.
Neben mir der weißhaarige CHRISTOFERO COLOMBO, mit dem
ich auf die Entdeckung Amerikas trinke. Ferne rundum,
die sich weitet und dehnt: Atlantis der Gegenstände.
FRANK O'HARA schrieb: „Das geringste Nachlassen der Aufmerksamkeit könnte zum Tode führen." Und leuchtend das
CHRYSLER BUILDING in der 24. Straße mit seiner Kuppel aus
Kruppstahl und Diamantensplittern. Die Wörter ebnen den Weg.
Ein Weg in die Ektachrome. Doch der Zeitrausch bleibt der riskanteste Deal.

NEW YORK: 190 W BLEECKER STREET

Was erschreckt, ist nicht die Enge des Raumes, sondern die Dichte
der aufeinanderfolgenden Zeit. Die Dichte der ablaufenden Bilder.
VILLAGE, im Wasserdunst des herabströmenden Regens. Und wenn
die Erinnerung nicht trügt, das flaschengrüne Licht des ELECTRIC BUIL-
DING. Obelisken des Geldes, kreisende Helikopter darüber,
abgetrennt von der äußeren Welt. Und außerhalb von jeder
sprachlichen Reichweite. Das einzige Reale: Das Stoßen und Schlingern
der SUBWAY, die unter deinen Füßen entlangfährt. Kein HIER das bleibt.
Ein Ich-Reisender, der sich erinnert: CHRISTOFORO COLOMBO, wie er
zwischen der Takelage seines Schiffes steht und auf die gläsernen
Gipfel von Downtown blickt. Ein Blick, der den Nullmeridian seiner Augen
längst überschritten hat und mit Wörtern kaum zu erreichen ist.
Und zum wievielten Mal die SUBWAY-Fahrt nach CONEY ISLAND.
Und dort die ethnologische Variante: Ein Planquadrat verrosteter
Eisenmaste. Monumente der dreißiger Jahre, zum Abriß bestimmt.
Am Strand der hilflos im Sand kniende CRISTOFORO COLOMBO,
der mit dem flachen Bugteil eines zertrümmereten Bootes winkt.
Und noch ein zweiter Schiffbrüchiger, der mit seinem Rücken
zum Meer, landeinwärts winkt. Es ist der 68 jährige GREGORY CORSO,
der aus der BLEECKER STREET kommend, hier seine Freunde
erwartet. Den alten WHITMAN vielleicht, den alten POUND, WILLIAMS
und GINSBERG gewiß. Alles Weggenossen der Wörter, gewiß.
Urheber und Animateure zyklischer und linearer Gedichte.
Das Wichtigste: Daß du dich an dich selber hälst. Dir selbst am
nächsten bleibst. Daß du weißt, was du sehen willst. Und zwar langfristig und nicht kurzfristig, in Sekundenbruchteilen durch den
Kopf gejagt, ohne daß du das Tempo verzögerst, verminderst.
Da war diese Dichterlesung mit WILLIAM S. BURROUGHS in der
ST. MARKS CHURCH, ein hagerer, hochgewachsener Mann im
gutgeschnittenen Anzug. Der Aristokrat, der überlebt hatte.
Da war dieser Abend im CHELSEA in der 23. Straße, als wir Sangria
tranken und DYLAN THOMAS im Zimmer 205 seinen MILCHWALD

korrigierte. Da war dieser schmale aufrechtstehende Quader des WORLD TRADE CENTER, von dem wir weit über Manhattan blickten: Nach Jersey und Brooklyn, nach Queens und Richmond.
„Blick hinunter, blick die Straße des Opiats hinunter, bevor du sie entlangreist und dich mit den falschen Haufen einläßt", hatte BURROUGHS geschrieben. Heute sind das beiläufige, vergessene Sätze, kohärente Äußerungen eines Wahrnehmungsarbeiters, der diese Straße längst verlassen hat. Und hineingeschrieben in das Erinnern, ich kann darin untertauchen, einfach verschwinden bis zum nächsten Erinnern.

HOTEL CHELSEA : 222 W 23RD STREET

Endlich wieder die Jetztzeit! Keine Ferndiagnose in die
zurückliegenden Jahre. Die Zeit ist zu knapp für Erinnerungsschübe.
Unter den vielen NEW YORK-Reisen endlich eine für mich allein.
Oder genauer: Für dieses GALREV-Buch. Von Hannibal zurück
in die Gegenwart. Also wieder VOR ORT, aber in eigener Sache.
NEW YORK als Beschreibungsobjekt: Als erstes der Taxi-Blick auf
die Skyline, die durch den Nebel stößt. Real und authentisch.
Als nächstes die FIFTH AVENUE entlang, bis der eiskalte Wind
uns wieder zurücktreibt. Eine Zurückweisung, die sich in
den darauffolgenden Tagen noch wiederholen sollte. Oder?
Was danach folgte, war der Panorama-Blick vom 107. Stockwerk
des WORLD TRADE CENTER. Unter dir das Gedächtnisnetz mit
den üblichen Erkennungszeichen: Das Empire, das Chrysler,
die Brooklyn-Bridge, die Staten Island Ferry. Alles Metaphern,
beliebige Versatzstücke ohne theoretischen Überbau. Die Wolkenkratzer als gut beleuchtete Weihnachtsblöcke. So muß es sein.
Als letztes die Taxifahrt zum WHITE HORSE, das du von DYLAN THOMAS
kennst. Das war der Mittwoch, der 9. Dezember 1998, der Todestag
von WILLIAM GADDIS, wohnhaft in EAST HAMPTON, BOATYARD
NR. 1. Alles verzahnt und gebündelt, ohne Umschweife notiert.
Das CHELSEA-Zimmer Nr. 324, 13 Schritte lang, mit Kamin
und eigener Küche. In der gleichen Etage, in der Sid Vicious von den
„Sex Pistols" seine Freundin ermordete. Alles weitere kannst du
im Reiseführer lesen: Warhol, Tennessee Williams,
Jackson Pollock oder dergleichen. Und vor allem: Dylan Thomas.
Also HIER SEIN, um im wahrsten Sinne zu sich selbst zu kommen.
Jemand (wie ich), der hierherkommt, um sich seiner Vergangenheit
zu entledigen. Diesmal schreibe ich weder über WHITMAN, noch über
WILLIAMS oder CORSO. Weder über GINSBERG noch über
BOURROUGHS, sondern über mich allein.
Aber worüber dann sonst? Plötzlich diese Übersicht. Plötzlich dieser
Müßiggang. Ein vorläufiges, unabgeschlossenes Autoren-Ich,

das sich heute in der puren Motorik erschöpft. Hier im CAFE REGGIO sitzend (in der MAC-DOUGAL-STREET) in der ich schon früher saß. Wenige Schritte weiter mein altes HOTEL EARLE, das heute „Washington Square" heißt. Alles heißgeliebte Erkennungsbilder, auf die ich künftig verzichten möchte. Denn inzwischen ist alles verwischt und vergessen, in tausend Einzelstücke fragmentiert. Aber zugegeben: Ich lieb es noch immer – den BROADWAY hinabzugehen, die CANAL STREET entlang, am Woolworth-Building vorbei, an der Trinity Church vorbei, um am Ende die Fähre nach STATEN ISLAND zu besteigen und am Heck stehend in das televisionsartige MANHATTEN-Bild zu schauen, in dem die Wolkenkratzer alle beleuchtet sind.

SEAFARERS HOUSE: 123 E 15 RD STREET

Noch immer die Position des Beobachtenden: Obwohl die ehemals
Beobachteten nicht mehr erreichbar sind. Statt einer Fährte zu
folgen, einer winzigen literarischen Spur, die Beschäftigung mit
touristischen Nebendingen: Die Fahrt vom BATTERY PARK nach
ELLIS ISLAND am Freitag. Der Fußweg zum FULTON FISH MARKET.
Statt im SWEET'S (von Max Frisch) sitzt du im NORTH STAR PUB
und notierst den Verlust des alten Hauses, das durch ein neues
ersetzt wurde. Das gleiche am Pier Nr. 17, wo noch immer die
WAVERTREE und die AMBROSEI und vor allem die schwarze
PEKING ankern. Aber Kulisse auch sie: Design des Scheins.
Die physische Berührung dieser Stadt als letzte Möglichkeit
des Kontaktes: NEW YORK als Disney Store. Als Christmas-Idylle.
Kein Gegeneinander. Kein Miteinander. Das Elend der Stadt
verlagert sich auf die Broadway-Bühnen. Nirgendwo ein
Obdachloser. Nirgendwo ein Budweistrinker, alles zur Seite geschafft.
Alles bereinigt und drogenfrei. Alles legal. Die Reduktion
auf das Wesentliche. Dabei ist die Paranoia ein Teil der ame-
rikanischen Psyche. Also HIERSEIN bedeutet ein Kräftemessen
mit der Ilusionsneurose einer wohldurchdachten Fälschung.
Was für mich neu war, ist CHUMLEY'S in der BEDFORD STREET
und die drei Flohmärkte zwischen der 24. und der 27. Straße.
Jemand (wie ich), der soviele Spuren verfolgte und dabei selbst
aus der eigenen Spur geriet, sucht nach neuen Anhaltspunkten.
Inzwischen haben wir das CHELSEA wieder verlassen und
wohnen jetzt im SEEFAHRERHEIM in der 15. Straße im EAST VILLAGE.
Ein handliches, taifunfestes Zimmer für Seereisende,
die aus den karibischen Gewässern kommen. Und auch bei
uns ein Zwischenstop auf der Atlantikroute des gealterten Lebens.
Ansonsten: Das Hin- und Herzappen der Augen, die der
heranwehenden Eiseskälte kaum noch standhalten können.
NEIN, es gibt keine Fortsetzbarkeit der alten, längst vergangenen Zeiten.
Höchstens vereinzelte Reservate, masochistische Depots.

Z.B. das WHITE HORSE in dem DYLAN THOMAS seine 18 Whiskys
trank oder CHUMLEY'S (in dem sich Simone de Beauvoir so wohl fühlte).
Und NEIN, diese Reise ist kein Vorwand meine eigenen Erinnerungen
zu erneuern. Im Gegenteil: Um sie zurechtzurücken zum Vergessen.
Aber immer noch der Beobachtende. Mit Dragees, Tabletten und Tees
gefüttert gegen die Eiseskälte. In der Halle des SEAFARERS HOUSE
hängt eine Liste der ein- und ausfahrenden Schiffe: Ich wähle
die SURABAYA. Alles abhaken, zurücklassen, vorbei. Oder?
Der einzige Poet den es noch geben könnte, wäre der 71 jährige ASHBERY
drüben im Brooklyn College, ein Dichter, über den man noch schreiben könnte.

LOWER EAST SIDE: 170 E 2ND STREET

NEIN, diesmal keine penible Recherche. Keine Gedichte die mit
Herzblut geschrieben. Ein Mehrzweckaufenthalt, der sich ergeben muß.
Eine Art Pflichtkür im Nachhinein: Eine Winterreise in das
große VORÜBER, VORBEI. Die einzigen Bücher, die ich diesmal dabei
habe (aber längst nicht mehr lese), sind die 30 bis 40 jährigen Gedichte
von ALLEN GINSBERG. Darunter DER UNTERGANG AMERIKAS.
Hirnströme, die längst veraltet sind. "laßt den Vietcong siegen
über die amerikanische Armee..." Das sind Wörter, die seinerzeit
eine menschenangemessene Irritation auslösten. Gedichte,
die das pure Leben besangen. Einer Zeit vorauseilend, die meine
eigene wurde. Und plötzlich EIN NIRGENDWO, EIN LÄNGST VORBEI.
NEW YORK, am Mittwoch des 16. Dezember 1998. Und es scheint, als
könnte nur die Poesie die Wirklichkeit dieser Stadt beglaubigen.
Und deshalb ein letzter Versuch: Gewissermaßen ein Kondolenz-
besuch. Ein Taxi, das uns in die Lower East Side bringt,
wo wir in der 2. Straße das Haus Nr. 170 suchen. Ein Gebäude,
in dem einmal GINSBERG mit PETER ORLOVSKY wohnte.
Und dort lag er also unter seiner blauen Himalaya-Decke und
schrieb in seine Tagebücher. Ein fünf- oder sechsstöckiges Haus mit
grünen Feuerleitern. Sechs angekettete Mülltonnen, und in einem
der unteren Fenster eine verdreckte, verrottete amerikanische Fahne.
Der Weg ist zu Ende, und das Ende ist der Weg zu etwas Neuem.
Und in der 7. Straße Nr. 206 findest du seine zweite Wohnung.
Ein Apartement, das er ab 1951 bewohnte und in dem vorübergehend auch BURROUGHS gelebt hat, nachdem seine Wilhelm-
Tell-Nummer tödlich mißglückt war. An der 3 Meter hohen
Eingangstür ein Bündel herabhängender Tannenzweige.
Ein puertoricanisches Viertel mit vielen Gemeinschaftsgärten,
die sich Stück für Stück in Müll zurückverwandeln. Aber immer
noch schöner als der glitzernde Dollar-Plunder, der Firlefanz
der Weihnachtsmärkte. Und wenn du den TOMKINS SQUARE PARK
hindurchgehst, findest du in der 9. Straße Nr. 441 das fünfstöckige Haus, in

dem einmal (i.d. sechziger Jahren) FRANK O'HARA wohnte.
Wer sich ein Bild macht vom Glück, der wird es hier verwirklicht finden!
Und hier kann dem Ich das Selbst verloren gehen, ohne daß du es wiedererkennst: Ein Mehrzweck-Ich, das sich ergeben muß.
Einen Tag später sehen wir auf der Fernsehscheibe des Seefahrerheims
den Raketeneinsatz von President Clinton, der Saddam bestrafen möchte.
Einer der UNTERGÄNGE AMERIKAS, den ALLEN GINSBERG voraussah.
NEW YORK, EIN NIRGENDWO UND LÄNGST VORBEI.
Am Ende der leibhaftige Beweis, daß es sie einmal gegeben hat:
Die BOWERY Nr. 222 (der ehem. „Bunker"), in dem BOURROUGHS
wohnte. Der Kosmonaut des inneres Raumes. Vorläufer des Cyberspace.
Dem Haus gegenüber die Bowery Mission, vor der die Obdachlosen
ihre Erbsensuppe auf das schwarze Pflaster der Straße schütten.

DAS ABDRIFTEN VOM ZIEL

Nein, das sind keine Sonette, eher Berichte, Notizen, poetische Mitteilungen, tagebuchähnliche Zeitschichten, die ich während meiner Reisen (oder nachträglich) ineinandercollagierte. Das Reisen als Lebensform. Und was zählt, sind nicht die Ziele, sondern die Wege dahin. Oder genauer: DAS FREMDE IN DIR. Die unbekannten Ortschaften in dir selbst. Die Talsohlen und Steinwälle, die noch nicht kartographiert wurden. Das Abdriften vom Ziel. Jede Reise wird zur Recherche der eigenen Person, auch wenn damit die produktive Aneignung von fremden Biographien verbunden ist. Sie dienen als Vorwand und Stimulation, als ANSTIFTUNG ZUR NEUGIERDE und Fortbewegung.

*

Ehemalige, weit zurückliegende Rundfunk-Recherchen wurden hier zum Gegenstand eines nachträglichen Schreibens, d.h. zu einer Erinnerungsarbeit, bei der der Autor mit seinem heutigen Wissen, Denken und Empfinden mehr über sich selbst, als über den Lebensweg eines Fremden mitteilt. Und deshalb sind solche Prosagedichte nicht zu allererst für die Literaturgeschichte geschrieben, aber sie setzen Literaturkenntnisse voraus und ergänzen diese auf eine ganz persönliche Weise. Solche Texte haben nur beiläufig dokumentarischen Charakter und wollen keine authentische Recherche darstellen, obwohl sie fast ausschließlich auf authentischen Ereignissen basieren und fast überhaupt keine „freien Erfindungen" enthalten. Solche Gedichte sind für mich also zu allererst SELBSTDARSTELLUNGEN, so subjektiv und faktisch, wie es mir im Augenblick des Schreibens für sinnvoll erschien, gleichgültig, welche Reise oder welches Ziel meinem UNTERWEGSSEIN zugrunde liegen.

*

Es gibt Erzählungen – oder Gedichte – in denen die bloße Nennung von Namen (oder Jahresdaten) schon den Geschmack von Ferne herbeiführen. WORTE, DIE BILDER HERVORRUFEN, deren Anziehungskraft so groß ist, daß ihnen der Lesende entgegenreist und nicht eher ruht, bevor er sie nicht in Wirklichkeit gesehen hat. Wonach er sucht, ist die äußere Übereinstimmung mit der literarischen Wörter-Welt, die sich im Innern seiner Vorstellung entwickelt hat. Oder: Man will dasselbe noch einmal sehen, was ein Anderer schon vor einem sah. Aber es gibt eine Ästhetik des Schauens, die unwiederholbar ist, ein immaterielles Netzwerk von Ländern, Ortschaften und Routen, die mit dem geographischen Wissen nicht übereinstimmen und nur in der Phantasie des jeweiligen Poeten existieren, dessen Bücher man ließt. So hat z.B. Bruce Chatwin sein imaginäres Timbukto, Victor Segalen sein visionäres China, Henri Michaux seine Meskalin-Länder und Antonin Artaud seinen Peyotl-Kontinent, alles Reiseziele, die keine getreuen Abbilder des Realen darstellen, sondern zuallererst eine DURCHQUERUNG DES SELBST, das Innere des eigenen Ichs meinen. Also jene selbstgeschaffenen utopischen Poesieländer, die beim Schreiben von Erzählungen oder Gedichten erst von den jeweiligen Autoren erfunden wurden.

*

Es gibt also Literatur-Reisen, die „nur" innere SUCHBEWEGUNGEN sind, die keine konkrete Fortbewegung nachvollziehen und die im völligen Stillstand während des Schreibens (oder Lesens) erlebt werden. Die Welt als Kometenstaub. Die Erinnerung OHNE vorangegangenes Erlebnis, die „nur" mit der körpereigenen Droge der eigenen Phantasie geschaffen wird. Es genügt DAS FERNE INNERE, das Heimischwerden in der eigenen Fremde. Das sind Reiserouten in viele Richtungen gleichzeitig, Wege und Orte des Daseins, die noch entschlüsselt und benannt werden müssen. Der Fortbewegung der Wörter liegt ein intuitives und irrationales Bedürfnis zu Grunde: Wörter kennen keine Seßhaftigkeit. Keine einheitliche Richtung der Spuren und Fährten, denen der Lesende (oder Schreibende) mit der notwendigen Gewißheit folgen könnte.

*

Jedes Buch das wir lesen (oder schreiben), ist ein Aufbruch aus der selbstverschuldeten Lethargie und Behäbigkeit unseres Lebens. Ein ungewisses UNTERWEGSSEIN ohne richtungsweisende Koordinaten, die den „Reisenden" aus seiner Obdach- und Heimatlosigkeit wieder herausführen könnten. Und es gibt Entfernungen zwischen den poetischen Ortschaften, die sich für den Entwurzelten von Seite zu Seite vergrößern, Distanzen, die sich unvermittelt wieder verringern, oder den leichtgläubigen Leser (oder Schreibenden) bewußt in die Irre führen. Die innere Welt verfügt über keine Orientierungsmerkmale, keine Zeichensysteme, die der äußeren Welt entsprechen und mit deren Hilfe wir die Topographie des Geschriebenen leichter durchqueren könnten. Und ähnlich verhält es sich mit den Biographien der Poeten, mit den biographischen Fährten, denen man zu folgen versucht: mit den Namen der Schauplätze und mit den Datierungen authentisch bemessener Lebenszeit.

*

Die meisten Lebensläufe der Dichter vertragen keine Festlegungen. Und deshalb sind sie für viele Lesende so begehrenswert, weil es häufig die Lebensläufe ihrer Stellvertreter sind, die sie selbst gern gelebt hätten. Die Innenseite des Menschen ist ein schwieriges, unwegsames Gelände mit zahllosen Grenzüberschreitungen und blinden Flecken, die nicht kartografiert zur Verfügung stehen und erst mühevoll erkundet werden müssen: Ein Territorium voller Fußangeln, das der Lesende lieber den Schreibenden überläßt. Überhaupt dann, wenn er sich im Innern einer fremden Biografie befindet und sich diese „reisend" anzueignen versucht. Gelesene Literatur ist ungefährlicher als ein realer Nachvollzug rund um den Erdball. Aber die biografische Spur war für mich immer ein wesentlicher Bestandteil der gelesenen Literatur, weil ich dadurch erst die atmosphärischen Voraussetzungen kennen lernte, unter denen die jeweilige Dichtung entstehen konnte. Jeder Leser weiß, daß es in jedem Roman, in jeder Erzählung ein Innen und Außen gibt. Und ähnlich verhält es sich mit dem autobiografischen Schreiben, in dem es authentische und fiktive Schauplätze gibt, die sich nahtlos ineinanderhaken ohne auf die Chronologie der tatsächlichen Geschehnisse Rücksicht zu nehmen.

*

Das Medium Literatur verlangt von seinem Benutzer die irrationalen Instinkte eines WANDERNDEN NOMADEN, der alle herrschenden Reglementierungen durchbricht und seinen EIGENEN Weg geht: Lesen heißt Reisen, und reisen heißt DIE ÜBERWINDUNG VON RÄUMEN. „Dieser kompromißlosen Haltung der Nomaden gegenüber der Seßhaftigkeit" (Chatwin) liegt eine natürliche Neugier und angeborene Ruhelosigkeit zugrunde. Der beste Reisende (oder Lesende) ist also derjenige, der während seiner realen Fortbewegung (oder während des Lesens) seinem eigenen freien Willen gehorcht. Auch wenn DIE WILDNIS DER SPRACHE oder der Landschaft noch so geordnet oder chaotisch erscheint. So entscheidet für DIE SCHÄDELFREUDE DES LESERS immer die Frage, ob er ein Bewohner des Hauses, oder ein Bewohner von Zelten ist (wie der Araber aus der Wüste). Also lieber die Wurzellosigkeit des Reisenden, der „DIE NOMADISCHE

ALTERNATIVE" eines Chatwin oder Artaud, eines Cendrars oder Michaux bevorzugt, als die Unbeweglichkeit des Seßhaften, der die Umherziehenden um ihr eigenes Selbst beneidet.

*

Also lieber „das imaginäre Timbukto" von Chatwin, die „stigmatisierten Tarahumaras" von Artaud oder der „Kontinent Cendrars", als die Erstarrung der eigenen Sinnesorgane und der eigenen Phantasie. Das wichtigste ist die Erkenntnis, daß die Wege der Poesie immer identitätsstiftende Kriterien enthalten, die den „Reisenden" zu sich selbst führen können. Aber dieses rätselhafte SELBST ist meistens nur ein Phantom, das nur sporadisch im Gelände der Sprache – oder der Landschaft – zu finden ist. Nach meiner Erfahrung ist das ICH die unabschließbare Form eines mobilen Zustandes, der mit dem äußeren Wechsel der eigenen Lebensumstände auf engste verbunden ist. So wird jede Reise zu einem weitgeöffneten Buch – oder umgekehrt – in dem man vielleicht einen Weg zu sich selbst findet. Und je größer die Fremde eines Landes – oder einer Erzählung – je unbekannter die Lebensgeschichte eines Autors der von sich selbst erzählt, desto größer die Hoffnung, sich darin widerzuspiegeln, sich darin erkennen zu können.

*

Wer Bücher liest, der erobert den Weltraum. Im Grunde will der Lesende (oder Schreibende) nur einen RAUM FÜR SICH ALLEINE haben, in dem er auch für sich allein sein darf. Ohne Reglementierungen. Frei vom Zwang der Erinnerung und frei vom Zwang des Vergessens. Ohne Gegenwart und ohne Zukunft, denn das wahre Glück ist die Zeitlosigkeit seiner eigenen Phantasie, die Einzigartigkeit ihrer Ziellosigkeit. Das emotionale Ereignis einer Reise (oder eines Buches) wirkt häufig wie eine Sinnesdroge, die allerkleinste Erregungen seismografisch ertastet und erlebbar macht. Um so größer die Wirkung, wenn diese Reise einer literarischen oder biografischen Spur folgt. Wenn zwischen Aufbruch und Ankunft d.h. zwischen Anfang und Ende eines Buches der Reisende eine Art „ethnografischer Feldforschung" entwickelt: Eine Übereinstimmung von Gelesenem und Selbst-Erlebtem zu erreichen versucht. Aber manchmal erleben wir einen Aufbruch, DER DEN REISENDEN GANZ AUF SICH SELBST ZURÜCKWIRFT. Das eigene Dasein unvermittelt in Frage stellt: Man verläßt die gewohnte Umgebung, wechselt die bisherige Lebensweise, die herkömmliche Sicht der Dinge und erlebt eine unerwartete ORTSLOSIGKEIT. Ein Vakuum zwischen Aufbruch und Ankunft. Aber „WOZU ANKOMMEN?" fragt Günter Metken in seinem Buch „Reisen als schöne Kunst betrachtet." Und auch ihm erscheint das „Unterwegssein" das Erstrebenswerteste von jeder Reise: Das vagabundierende, improvisierende DAHINTREIBEN, das jeden geraden Weg vermeidet und instinktiv das Reisen (oder Lesen) verlängert.

*

Aber manchmal wird der gelesene Autor zum Partner, zum Mitreisenden, zum Lotsen, der dem Suchenden mit seinem Wissen und mit seiner nomadisierenden Subjektivität aus der eigenen Ortslosigkeit wieder herausführt. Wer die Literatur – oder die Biografie eines Poeten verräumlicht, d.h. geografisch auffächert, wird in seinem umgrenzten Terrain immer wieder bestimmte Markierungen entdecken, die einer IMAGINÄREN GEOGRAFIE entsprechen und mit der vorgegebenen Kartografie des jeweiligen Landes nicht übereinstimmen. Und es bedarf der eigenen Forschung und Erkundung, um solche imaginären Landschaften oder Orte als literarische, poetische Ausdrucksformen zu begreifen, deren „weiße Flecken" nichts als Projektionen der Verfasser sind. Aber gerade auf diese unbekannten Erlebnis-Flecken kommt es an, denn es sind die visionären Bildbereiche der Poeten, die nur in der Welt der Phantasie und der Sprache zu finden sind und durch die eine Reise ihren eigentlichen Sinn erhält.

*

Literatur wird für den Einzelnen geschrieben. Und die freie Verfügbarkeit eines Buches, einer Erzählung oder eines Gedichts gleicht der freien Verfügbarkeit dieser Welt, und ein jeder kann sich diese Welt aneignen, wie er es möchte. Einem Reisenden (oder Lesenden) offenbart sich nicht nur das, was ohnehin schon da ist und mit bloßem Auge auf den ersten Blick von jedem wahrgenommen werden kann, sondern auch das, was nur so scheint, ohne das es äußerlich erkennbar wäre. Jeder Reisende (oder Lesende) hat seine eigene Wirklichkeit, in die er alle anderen Wirklichkeiten zu integrieren versucht: Beide verfügen über einen GRENZÜBERSCHREITENDEN BLICK, der sie befähigt, nicht nur DAS ANWESENDE, d.h. Lesbare zu registrieren, sondern auch das ABWESENDE, das scheinbar Nicht-Dazugehörende, mit einzubeziehen.

*

Es gibt immer wieder Bücher – oder Autoren – die den Lesenden zum Aufbruch, zu ergänzender Recherche auffordern, d.h. zur LITERARISCHEN SPURENSUCHE, wie ich sie über Jahrzehnte für verschiedene Rundfunksender praktizierte. Aber Fährten und Spuren sind immer etwas fragmentiertes und unvollkommenes, das sich aus vielen einzelnen Merkmalen zusammensetzt. Und die Welt im Viereck einer Buchseite hat andere Gravitationskräfte als die reale Welt der Geografie, die der Reisende mit den eigenen Füßen durchquert. Hier muß er mit zufälligen Einschüben und Abschweifungen rechnen, die ihn immer wieder abdriften lassen und in die Irre führen können. Denn jeder Aufbruch ist auch ein Ausbruch aus bisherigen Denk- und Lebensmustern, die der absolute Leser (oder Reisende) vorübergehend durch fremde ersetzen muß. Und natürlich hatten meine ehemaligen Literatur-Feature – die im allgemeinen über einen Zeitumfang von 1-3 Radio-Stunden verfügten, ein größeres Mitteilungsvolumen als diese Prosagedichte! Hier geht es um Erinnerungsfragmente, die in lyrischer Kürze gegeneinander geschnitten und im schnellen Cinemascope-Tempo montiert wurden. Das Gedicht ist keine Rekonstruktion einer Reise, sondern eine bewußt inszenierte und spontan arrangierte Kurzfassung einer nachträglichen Gedächtnisarbeit aus dem Jahr 1998.

*

Reisen führt Welten zusammen. Und rückblickende Reisen müssen sie wieder trennen, müssen enorme Zeitsprünge überwinden und Entfernungen zurücklegen, um aus den verschweißten Einzelbildern wieder gesonderte Lebenswege herauszufiltern. Und vor allem: REISEN SETZT EINE GEGLÜCKTE SELBSTBEZIEHUNG VORAUS. Überhaupt dann, wenn man sich dabei kaum von der Stelle bewegt! Und obwohl mein Selbst im zurückliegenden Jahr durch mehrere Krankheiten erheblich belastet wurde und an den körperlichen Unzulänglichkeiten fast verzweifelte, war diese geglückte Beziehung zum eigenen Ich niemals so gut, wie in den Monaten des Schreibens, d.h. während dieser permanenten KOPFREISEN, bei denen ich mich im Innern pausenlos von Ort zu Ort bewegte, aber äußerlich nur selten unser Dorf verließ. Die einzige Ausnahme waren u.a. Paris, Sanary, Prag oder New York, damit ich das Gespür für die gegenwärtige JETZTZEIT nicht ganz verlieren sollte.

*

Zwischen meiner literarischen SPURENSUCHE gab es auch Schauplätze, die keine poetischen oder biographischen Fixpunkte darstellten, aber für mich über eine ähnliche stimulierende Aura verfügten: z.B. die Wüste NASCA mit Maria Reiche, DARAMSALA mit dem Dalai Lama, CHIAPAS mit Commandante Marcos, die Oase SIWA in der lybischen Wüste, das Christus-Grab in Kaschmir oder der Geburtsort von Buddha. Immer waren es besondere Einzelpersönlichkeiten oder rätselhafte Entdeckungen, Berichte, Ereignisse oder Legenden, deren Ausstrahlung mich zu einer der Reisen aufforderten: Jemand, der sich als WAHRNEHMUNGSARBEITER bezeichnet (wie ich), der hatte in den drei Jahrzehnten viel zu tun.

*

Schreiben (oder Lesen) bedeutet, den eigenen Kopf IM FREIEN FALL zu erleben. Vertraute Prismen zu wechseln, beständige Einschübe, Abschweifungen oder Revisionen zu ertragen. Ich habe die Reihenfolge meiner ERINNERUNGSREISEN nicht in ihrer authentischen Zeitfolge geordnet, sondern einfach grob nach ihrer geographischen Lage fortgesetzt, damit ich zwischen den Gedichten nicht allzugroße Entfernungen überwinden mußte. Das Ende dieser lyrischen Arbeitsperiode ist auch das Ende meiner Rundfunk-Recherchen, die ich in ihrer ehemaligen Form nicht mehr fortsetzen werde. Damit ist der Abschluß einer langen Wegstrecke erreicht, auf der mich die großen Namen der Poesie ständig begleitet haben und von denen ich mich jetzt endgültig verabschieden möchte, denn jedes Ende ist der Anfang von etwas Neuem.

Berlin, im Dezember 1998   WALTER AUE

INHALT

ILLIERS-COMBRAY	7
PARIS: LA CHOPE	9
PARIS: RUE JEAN DOLENT 23	11
PARIS: VILLA SEURAT 18	13
PARIS: PASSAGE JOUFFROY	15
PARIS: RUE BASFROI 48	17
PARIS: PERE LACHAISE	19
PARIS: RUE DE FLEURUS 27	21
PARIS: RUE DU BANQUIER	23
KÖLN: HOHE STRASSE	25
NAZCA: HOTEL TOURISTA	27
BERLIN: CHAUSEESTRASSE 125	29
BERLIN: CARMERSTRASSE 3	31
BERLIN: NIEDSTRASSE 13	33
PRAG: BILKOVA 10	35
PRAG: ZLATA ULICKA 22	37
SCHLOSS TEUPITZ	39
PRAG: STAROMESKE NAMESTI	41
PRAG: VÁDAVSKÉ NAMESTI 25	43
PRAG: ZIDOSKÉ HRBITOVY	45
WARSCHAU: ROVIGO	47
MOSKAU: HOTEL METROPOL	49
MOSKAU: LUSHNIKI	51
MOSKAU: ULIZA KIROWA 3	53
MOSKAU: WOROSKOWO ULITSA 25	55
TÜBINGEN: HÖLDERLINTURM I.	57
TÜBINGEN: HÖLDERLINTURM II	59

BERN: LUISENSTRASSE 14	61
VENEDIG: CALLE QUERINI 252	63
VENEDIG: SAN MICHELE	65
PISA: CAMP DARBY	67
RAPALLO: HOTEL GRAN ITALIA	69
ROM: LARGO DI VILLA MASSIMO	71
TAORMINA-VULCANO	73
DOGUBAYAZIT: HOTEL ARARAT	75
SYMI: THE LAZY STEPS	77
MADRID: HOTEL INGLES, ECHEGARAY 8	79
LISSABON: RUA COELHO DA ROCHA 16	81
TANGER: RUE IMAM KASTELANI	83
TANGER: HOTEL VILLA MOUNERIA	85
SANARY: HOTEL DE LA TOUR	87
MARRAKESCH: HOTEL DE FOUCAULD	89
TARFAYA: CAP JUBI	91
KAIRO: OASE SHIWA	93
MOMBASA: OCEAN VIEW BEACH HOTEL	95
HAVANNA: BODEGUITA DEL MEDIO	97
COJIMAR: LA TERRAZA	99
LA CAPELLE/MONT VENTOUX	101
DUBLIN: ECCLES STREET 7	103
LONDON: SHERNESS, MARINE PARADE 26	105
DHARAMSALA: SEMKYE LING	107
MEXICO CITY: HOTEL GUADALUPE	109
NOROGACHIC: CULIACAN	111
OAXACA: HOTEL MONTE ALBAN	113
MEXICO-CITY: CALLE MISSISSIPPI 61	115
MOSKAU: HOTEL BERLIN	117
IRKUTSK: HOTEL SIBIRIA	119

NACHODKA: YOKOHAMA	121
NEW ORLEANS: ST. PETERS GUEST HOUSE	123
HANNIBAL: MARK TWAIN MOTOR INN	125
RIO DE JANEIRO: HOTEL POUSO REAL	127
KYOTO: DAI-NI TOWER HOTEL	129
HIROSHIMA: HOTEL HIRODEN	131
BIG SUR – LODGE	133
TRAVEL LODGE: SUNSET BOULEVARD 7370	135
RUTHERFORD: RIDGE ROAD NR. 9	137
MONTAUK: HOTEL MEMORY	139
GREENWICH VILLAGE: HOTEL EARLE	141
NEW YORK: 190 W BLEECKER STREET	143
HOTEL CHELSEA : 222 W 23RD STREET	145
SEAFARERS HOUSE: 123 E 15 RD STREET	147
LOWER EAST SIDE: 170 E 2ND STREET	149
DAS ABDRIFTEN VOM ZIEL (Essay)	151

1. Auflage 1999
© Druckhaus Galrev
Lychener Straße 73
10437 Berlin
Alle Rechte vorbehalten.

Edition Galrev
ISBN: 3-933149-10-X
Bandnummer 53

Fotos und Umschlagfoto: Walter Aue
Schrift: Garamond condensed
Papier: Meadows savanne, halbmatt, 100 g
Satz/Gestaltung: G. Fiedler, Druckhaus Galrev
Druck: Druckhaus Galrev
Bindung: Buchbinderei Fuhrmann